时代光华·中国企业培训大系

做|中|国|最|优|质|的|经|管|培|训|资|源|服|务|商

创建
幸福企业

岳川博·著

北京大学出版社
PEKING UNIVERSITY PRESS

图书在版编目(CIP)数据

创建幸福企业 / 岳川博著. ——北京：北京大学出版社，2011.11

ISBN 978-7-301-19523-9

Ⅰ.创…　Ⅱ.岳…　Ⅲ.企业管理—研究　Ⅳ.F270

中国版本图书馆CIP数据核字（2011）第190261号

书　　　名：	创建幸福企业
著作责任者：	岳川博　著
责 任 编 辑：	李璨
标 准 书 号：	ISBN 978-7-301-19523-9/F·2897
出 版 发 行：	北京大学出版社
地　　　址：	北京市海淀区成府路205号　100871
网　　　址：	http://www.pup.cn
电　　　话：	邮购部 62752015　发行部 62750672
	编辑部 62376499　出版部 62754962
电 子 邮 箱：	sdghbooks@163.com
印　刷　者：	北京同文印刷有限责任公司
经　销　者：	新华书店
	787毫米×1092毫米　16开本　13.5印张　149千字
	2011年11月第1版第1次印刷
定　　　价：	36.00元

未经许可，不得以任何方式复制或抄袭本书之部分或全部内容。
版权所有，侵权必究
举报电话：010-62752024　电子邮箱：fd@pup.pku.edu.cn

目 录

自序一　幸福企业宣言 /V

自序二　企业是人们共同创造幸福的工具 / IX

第一篇　幸福企业的理论概述

第一章　论企业存在的目的 /003

第一节　当财富与幸福背道而驰 /003

第二节　德鲁克"创造顾客"学说的社会背景及不足 /008

第三节　企业存在的根本目的是创造幸福 /014

第二章　幸福企业：概念、特征与基本假设 /021

第一节　什么是幸福企业 /021

第二节　幸福企业的五项基本特征 /024

第三节　幸福企业的自我、大我及大同境界 /027

第四节　"幸福人"人性的五个基本假设 /031

第三章　从幸福企业到幸福人生、幸福中国 /035

第一节　一个物质丰富而精神颓废的时代 /035

第二节　企业是革新社会的重要力量 /037

第三节　一个新的"资本观" /040

第四章　部分优秀企业的幸福哲学 /043

第一节　海底捞——以家甲天下 /043

第二节　安利——让人生享有成就和快乐 /047

第三节　福特——因创造、分享而伟大 /053

第四节　新东方——创造希望 /056

第五节　阳光保险——用关爱创造幸福 /058

第六节　杰出企业的追求往往超越了功利 /063

第二篇　如何创建幸福企业

第五章　幸福企业的五项人本要旨 /069

第一节　尊重人的天性 /070

第二节　真诚地爱人 /075

第三节　实现员工合理的财富价值 /078

第四节　帮助员工获得成长 /081

第五节　使员工富有成就 /085

第六章　幸福企业家的三重境界 /091

第一节　企业家的原动力不是追求财富，而是创造幸福 /091

第二节　企业家的第一重境界：自我的伸张 /094

第三节　企业家的第二重境界：共同的成就 /097

第四节　企业家的第三重境界：心灵的解放 /100

第五节　家族企业传承及接班人培养 /103

第七章　幸福组织学五项修炼 /109

第一节　组织：简约为美 /109

第二节　制度：人治与法治的分野 /116

第三节 速度创造效率 /119

第四节 信息化的时空观、战略观 /127

第五节 竞争，使企业进化 /130

第八章 幸福的领导者成为下属的导师和伙伴 /137

第一节 领导者与被领导者 /137

第二节 作为导师的领导者 /141

第三节 作为伙伴的领导者 /147

第九章 幸福战略学：战略是一个扩张自我、创造希望的过程 /151

第一节 战略是创造未来和希望的过程 /151

第二节 描绘战略愿景的 GIVE 原则 /154

第三节 战略是基于信念的机会主义实践 /159

第四节 战略弹性与战略柔性 /164

第五节 论战略集中 /167

第十章 创建刚健有力的文化气质 /175

第一节 论精神力量 /175

第二节 企业文化三角形模型 /179

第三节 自强、自信、厚德、阳光、感恩的文化取向 /183

第四节 三"思"而后成——企业文化建设之道 /188

第十一章 关于幸福企业的问与答 /193

自序一

幸福企业宣言

我们的所欲所求，都在引导生命的方向；

我们的一思一想，都在创造自己的未来；

企业，在人们的心灵中成长。

宏大的历史文明进程在自然法则和人类的思想中展开，它是不断阐发天性、体认价值、创造自我、追求幸福的过程。人类的一切创造，均为了实现自身的幸福，企业也不能例外。

我认为，创建幸福企业将是一股不可阻挡的潮流。企业存在的目的不是别的，它是人们创造幸福的工具；企业是一个功利组织，那只是特点，而不是本质；企业需要利润，那只是条件，而不是目的。

我认为，企业存在的唯一理由不是创造利润或创造顾客，而是创造幸福！

真正的幸福企业，是能够为员工创造美好人生的企业；

真正的幸福企业，是能够为客户提供价值的企业；

真正的幸福企业，是能够让企业家身心解放的企业；

真正的幸福企业，是能够为员工创造美好人生的企业；

真正的幸福企业，是能够与客户共享繁荣的企业；

真正的幸福企业，是能够增进商业文明的企业；

真正的幸福企业，不仅是一种劳动创造，也是一种生活方式；

真正的幸福企业，不仅塑造着自己，也建设着美好的社会；

真正的幸福企业，不仅是一个利益共同体，也是一个道义共同体；

真正的幸福企业，不仅解放生产力，更解放人们的心灵；

真正的幸福企业，不仅致力于有限的物质奋斗，更注重无限的精神生活；

真正的幸福企业，不仅创造财富，而且创造思想；

真正的幸福企业，不仅注重现实，而且富有理想；

真正的幸福企业，不仅创造产品，而且创造标准；

真正的幸福企业，不仅输出商品，而且输出人才；

真正的幸福企业，不仅回报人类，而且守护自然；

真正的幸福企业，不必子承父业，只需后继有人。

真正的幸福企业，尊重人性，追求真理，鼓励创造，崇尚英雄，将人们从贫困、蒙昧、保守、狭隘中解放出来。

企业的世界，是一个人性的世界，也是一个人文的世界。产品是人类劳动的物化，利润是创造的结余，市场是贡献的交换。未来的企业，将以科学管理为基础，以人文管理为方向，以创造幸福为目标。

创建幸福企业，意味着一个旧的企业管理时代的结束，一个新的幸福企业时代的来临。未来企业必须从根本上转变其管理的哲学。

自1911年美国科学管理之父弗雷德里克·泰罗提出科学管理理论以来，现代企业管理理论已经经历了整整一个世纪的嬗变、发展，越来越多地渗入了人本理念和人文精神，体现了管理世界的与时俱进与自我革新精神。然而，我们更期待管理世界的一场真正革命。这场革命将颠覆"资本主义"的固有逻辑，把人们从"资本"的压榨中解放出来，确立人的主体地位，把人们从功利主义的价值观中解放出来，不再以金钱为尊，而是以幸福为荣。

幸福企业观不仅仅是一种企业观念，还是一种革新国家发展观、人类发展观的重要力量。中国当代社会的一切矛盾与问题的根源，均与物质主义的急剧膨胀有深刻的关联。物欲的横流将人们带入黑暗和蒙昧，我们开始见证人性的堕落、疯狂的掠夺、严重的两极分化、自然生态的破坏、对生命健康的践踏。中国必须终结这个功利主义猖獗的时代。

创建幸福企业的本质，是功利发展观向全面发展观的重大转变。我们期待，幸福企业理论成为一个企业管理理论变革的里程碑，一个创造幸福人生、幸福国家乃至幸福世界的新思维。

功利是有限的，而生命的幸福之树常青！

让我们行动起来！

自序二

企业是人们共同创造幸福的工具

我把以"利润最大化"为目的的企业哲学视为"企业资本主义",而把以"创造幸福"为目的的企业哲学视为"企业幸福主义"。从"企业资本主义"转向"企业幸福主义"便是本书的核心思想,我认为,当下创建幸福企业的春天已经来临。

佛经上说:"一念迷,则是众生;一念觉,则是佛。"人之所以痛苦,在于追求了错误的东西。

"种瓜得瓜,种豆得豆。"希望和结果都在人们的心灵中生长。如果企业在自身的价值世界中种植的是金钱的种子,那么收获的就是金钱;如果种植的是幸福的种子,收获的就将是幸福。我相信,幸福比单纯的经济利益更能召唤人们内在的精神力量,从而创造出拥有无限生命力和文化底蕴的企业。

本书写作的基本目的,是还原企业本来的面目,探寻企业存在的目的,阐发人生的真谛,赋予职业更高的价值和意义。

我们生活在一个信奉物质主义的时代,对许多人而言,财富已经超越了其自身的价值,成为一种万能的存在。这种可怕的金钱万能观,使得人和企业存在的目的和意义,也被简单地物质化、工具化、功利化。许多企业和个人,得到了财富,却迷失了自我,远离了道义、健康、自由和幸福,少数人甚至为财走险,身陷囹圄(2011年7月,据有关报道,中国内地8年来共有32位亿万富翁死亡,其中15人死于他杀,

17人死于自杀）。随之而来的是社会中严重的两极分化问题，极少数人占据绝大部分财富，由此形成了社会的矛盾、对立，酝酿着潜在的社会危机。毫不夸张地说，目前过度追求财富的主流价值观不仅有悖于个人追求的幸福，也不利于社会的整体发展及和谐稳定。

我认为，企业是人们共同创造幸福的工具。这一观点的形成，始于我个人的创业。

2002年，我在北京大学企业管理案例研究中心工作。虽然职业的平台还算不错，但我仍然觉得这样的人生有许多局限性，希望通过创办一家属于自己的公司来实现一些愿望。这些愿望包括：更大的思想权和自主权，更大的自由，以及具有更大风险的财富回报（在我创业的构想中，更大的财富回报不是首要的目的，更不是唯一的目的）。在我看来，创业可以适度放大自己的人生价值。2009年，经历创业的我在《战略人生规划》一书中曾经充满激情地总结道："创业不仅仅是财富的创造和成就的获得，更是人的成长——它是生活方式的变革、机会的创造、自由的获得、自我的完善、个性的舒展和生命质量的提升。创业常常使人生少了一分遗憾，而多了一分光辉灿烂的可能。"

2002年8月，我创办了北京财富时代管理咨询公司，并根据创业的目的和理想，为公司提出了一些基本的理念和主张。比如，"伟大——在于境界，实践——让价值产生，贡献——让彼此感动"的企业价值观，"与人为善，助人为乐，成人之美"的人际关系准则，"为个人立心，为组织立命，为中华增文明"的个人使命，以及"财富自由，思想自由，行动自由"的个人奋斗理想。这些理念和主张部分代表了我对企业存在目的的认识，而在公司运营的过程中，我也将这些理念和主张贯彻到了实践中去。

"纸上得来终觉浅，绝知此事要躬行。"当今社会，许多学者的理论与实践严重脱节，提出的观点常常与现实相去甚远。我希望自己能

自序二
企业是人们共同创造幸福的工具

够避免这种学究型的空谈，在提出一个新的观点的时候，既有理论作为基础，又有大量的现实观察作为依据。幸运的是，过去特殊的职业经历让我基本做到了上述要求。为了避免个人主观意识上的局限，在本书的写作过程中，我与一些企业家、企业高管进行了许多有益的探讨，他们中的大多数对"创建幸福企业"抱有肯定和赞赏的态度，这使得我相信，本书应当有价值。

目的是一个哲学命题，特定的目的规定了事物存在、发展及其与其他事物的相互关系的依据。同样的，企业存在的目的是管理学中一个重要命题，它是企业管理实践的依据，决定了管理行为的模式和结果。这就类似人们选择旅行的目的地，不同的目的地，就会有不同的通达路径，也会有不同的风景和风情。

一直以来，主流的观点都把企业视为创造利润的工具，并以此构建了管理学的逻辑。相较而言，管理学大师彼得·德鲁克的表述略为巧妙了一些，他把企业存在的目的定义为"创造顾客"，但其本质并没有脱离功利主义的基本范畴。

从创造利润到创造幸福，不应当只是一种理想，而应当成为一种普遍的实践，这将是一个重大的认识转向。企业是一种主流的社会组织存在形式，企业人是一种主流的社会群体，因此，创建幸福企业是实现幸福人生、幸福社会、幸福中国，以至幸福世界的重要前提，也是人类文明发展方式转变的一个必要条件。

两年前我开始着手写作此书时，关于幸福企业的文章及创办幸福企业的实践寥若晨星。而当此书接近完稿时，已有一些企业因为接受了我的培训或指导，甚至仅仅因为思想的碰撞，而采取了创建幸福企业的现实行动。幸福企业在中国的实践已经暗流涌动，也许在不远的将来，就会风起云涌，形成一种潮流，变成一种共识。

我建议以下人士阅读本书：

☆ 科技创新型企业的管理者。人的创造力在充满激情的环境中才能被充分地激发出来，创造幸福的企业环境，会让企业具有更大的创造力和竞争力。

☆ 民营企业家，尤其是考虑让下一代接班的企业家。幸福企业的理念，有助于你们形成一个如何选择接班人的决策原则体系，帮助你们判断是否让子女接班的问题。

☆ 类似富士康这样的问题企业的管理人员。在企业管理的某些方面，你们已经非常优秀了，如果能在企业中增添幸福的色彩，则会有利于员工的身心健康，也有利于你们树立良好的社会形象。

☆ 陷入经营低谷的企业的管理人员。破产并不一定是由于经济上的困难导致的，正如士气的低落会导致兵败如山倒一样，企业也会因为缺乏精神信念而败落。因此，在物质条件捉襟见肘时，可用追求幸福的理念去激励员工，从而走出困境。

☆ 房地产企业的管理人员。你们处于社会矛盾的风口浪尖，若能以幸福之花，结和谐之果，则会有利你们经营环境的改善和事业的发展。

☆ 服务型企业的管理人员。幸福是可以相互感染的，以幸福的姿态服务于人，企业则可达到更高的境界。

☆ 各类创业者。你们的创业也许才刚刚开始，若能在创业的早期阶段全面审视创业的目的和意义，会对企业未来的发展有深远的、积极的影响。

很可能已经有许多企业正在创建幸福企业的道路上前进，虽然这些企业并没有使用"幸福企业"的概念。但我们注重的不是概念本身，而是企业理念与行为背后的精神实质。

第一篇
幸福企业的理论概述

从企业功利主义到企业幸福主义,是一次新的管理革命。

第一篇

政治的思想と制度

第一章 论企业存在的目的

> 所有的事物都是为着一个目的而具有某种秩序的。
> ——亚里士多德

第一节 当财富与幸福背道而驰

一个发展良好的企业,应当是由物质与精神共同构成的系统。而有些企业,虽然创造了物质财富,却破坏了道德与精神,甚至破坏了人生的和谐与美好。

在开始对企业存在目的的理论进行探索之前,我们先来看一些触目惊心的现实。

1."问题富豪"榜

胡润研究院2011年1月发布的《中国富豪特别报告》显示,胡润"百富榜"发榜12年间,共有24名上榜的"问题富豪"落马,而房地产和基础设施建设是产生"问题富豪"最多的行业,分别有9人和4人。

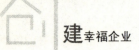

这是胡润第二次发布《中国富豪特别报告》。

落马的24名富豪中,在狱中的有17人,出狱的有3人,尚未宣判的有4人。这些"问题富豪"的罪名主要是行贿、扰乱资本市场和诈骗。例如国美创始人黄光裕、香港国汇贸易股份有限公司原副董事长郁国祥、明园集团董事长李松坚等均有行贿行为,而德隆国际投资控股有限责任公司原总裁唐万新、福禧投资集团原董事长张荣坤则都因操纵证券市场罪而落马。问题富豪中只有1位是刑事犯罪,即周氏集团原董事长周小弟因故意伤害罪入狱。

据统计数据显示,这些"问题富豪"平均在40岁时出问题,45岁时被判刑,56岁时被释放。虽然这份报告中没有这些"问题富豪"开始创业的平均年龄,但如果我们假设是24岁的话,那么他们从创业到出问题的时间,刚好与他们从出问题到被释放的时间相当,都是16年。如果考虑到出问题后"度日如年"的心情,那么他们此生的幸福指数是非常低的,前16年的辉煌所带来的幸福远远无法弥补后16年受到的磨难和打击所带来的痛苦。

除了上述24名富豪已经落马外,还有部分企业家正处于变故之中,包括正在调查的(6人)、下落不明或在国外的(7人)、曾被调查过的(8人)。如果将这21名企业家也计算在内,那么"问题富豪"的总数将为45人。

虽然45人和上榜富豪的总数相比并不算多,但如果考虑到可能还有一些人因为用非法手段谋取财富,即使没有被司法机构审查,他们的内心也并不安宁,那么富豪榜中有财富而无幸福的人将更多。

非法追求财富不仅会给富豪本人带来很坏的结果,同时也给他们的子女带来了许多阴影。

我经常指导、帮助一些年轻人，也多次遇到"富二代"向我倾诉他们的困惑。有一次，两个相对"纯洁"的"富二代"同时向我表达了大致相同的看法，那就是他们非常憎恶自己父亲的那种靠吃喝玩乐、走"政治路线"、为了挣钱丧失人格和触碰制度底线的"肮脏行为"。他们的看法反映出了一种非常尴尬的社会现实，那就是，以功利为核心的事业目标，会在不知不觉中损害许多宝贵的东西，包括自己子女的人生观、价值观，以及正常的亲情。

2. 富士康跳楼事件

"富士康跳楼事件"在百度百科中已经成为专有名词，虽然富士康母公司台湾鸿海集团总裁郭台铭极力解释富士康绝对不是血汗工厂，但富士康跳楼事件的悲剧却是不争的事实。自2010年1月23日至11月5日，富士康已发生14起跳楼事件。

这些自杀者，年龄大多在18～24岁之间，绝大多数是独生子女。他们在这个黄金年龄以自杀的方式结束生命，不仅是个人生命的陨落，也给家庭带来了极大的痛苦。

据《第一财经日报》报道，与富士康合作的心理咨询机构的咨询师认为："富士康所有的员工都非常死板，没有活力。富士康实行的是典型的军事化管理，员工只有服从而没有反抗的资格，这会让员工产生逆反情绪。虽然这种管理模式能给企业带来高绩效，但给员工带来的却是没有沟通和无法释放情绪的空间。"

这位心理咨询师还认为:"自杀是因为绝望,而绝望之前的表现往往是抑郁。这些自杀的年轻员工,文化程度相对较低,很多都是在中专或者技校毕业后,就直接进入富士康的。而在踏入社会参加工作之后,由于理想与现实的反差太大,因此这些心理尚未成熟的打工者会感到难以适应新环境。他们会觉得怀才不遇,受到了不公正的待遇,逐渐对学习和生活丧失了激情,产生厌世感。加上工作吃力、人际关系紧张等因素,一些人还会出现抑郁、焦虑等心理问题。"

富士康跳楼事件发生后,各界人士对富士康提出了严厉的批评,也进行了许多理性的探讨。香港《明报》曾发表文章分析富士康跳楼事件。文章说,在物质层面,富士康是待遇优厚的公司,所以吸引很多人进入,但在精神层面,富士康是"血汗工厂"。

不难看出,富士康实际上是以股东利益最大化为导向的,因而缺乏对人的价值的基本尊重,缺乏人文精神和人文关怀,甚至缺乏对生命的基本敬畏。

3. 毒食品事件

如果说富士康14跳是十分严重的恶性事件,那么层出不穷的毒食品事件就更为恶劣了。无数人的健康受到了毒食品的危害,媒体所揭露的事件只是冰山一角,如今许多国人对食品安全已经失去了信心。

以2008年发生的三鹿集团三聚氰胺奶粉事件为例。早在2007年12月,三鹿集团就陆续收到消费者投诉,而在2008年7月,问题奶粉事态的扩大惊动了三鹿集团高层,于是企业将产品送至河北省出入

第一章
论企业存在的目的

境检验检疫局检测。在得到检测报告之后,三鹿集团许多高管认为,召回产品会使声誉受损,于是决定以悄悄换回的方式取代直接召回。当时正值中秋节和国庆节临近之际,市场对奶制品的需求非常大,三鹿集团原掌门人田文华说,即使开足马力生产,三鹿集团也无法用不含三聚氰胺的奶粉换回全部已销售出去的含三聚氰胺的奶粉。在此情况下,三鹿集团决定,用三聚氰胺含量较低的奶粉替换三聚氰胺含量较高的奶粉。据卫生部2009年1月报道,自2008年9月三鹿牌婴幼儿奶粉事件发生以来,因食用问题奶粉导致泌尿系统出现异常的中国患儿有29万人,其中5.28万人接受住院治疗。

可悲的是,虽然司法机构对三鹿集团的数十名责任人进行了严惩,但三聚氰胺奶粉仍然死灰复燃。据新华网2011年4月26日报道,重庆警方查获从内蒙古而来的三聚氰胺含量超标的奶粉26吨,这些奶粉原本是用来制作雪糕的。据悉,"问题奶粉"利润最高可达普通奶粉利润的10倍。正是因为极高的利润,有些商家才铤而走险。

近些年来,三聚氰胺、瘦肉精、染色馒头、毒豆芽、猪肉变牛肉等一个个食品安全事件频频爆出。近日,重庆再度查获毒花椒。如果说这些毒食品事件只是一些个别的小商小贩所为,那还容易理解和接受,但有些事件却是大公司甚至上市公司所为,这就属于系统性的恶劣事件和犯罪,是指导企业发展的理念发生了严重的错误造成的。

从"问题富豪榜",到"富士康14跳",再到诸多毒食品事件,虽然出现恶性事件的方式不同,但都反映了一个基本的,也是根本的问题,那就是企业存在的目的是什么,是否可以为了利润而不择手段。

当然,这些恶性事件的出现,并不是企业、企业家或员工等孤立的因素造成的。中国社会运行的机制和基础，指导企业发展实践的管理理论，尤其是关于企业存在目的的理论误区，才是需要认真反思的。

第二节 德鲁克"创造顾客"学说的社会背景及不足

杂草丛生的地方，粮食就得不到很好的生长；似是而非的观念不清除，正确的认识就无法真正确立。

《管理：使命、责任、实务》

关于如何定义企业存在目的，长期以来管理界较为推崇德鲁克的观点。但我认为，这是一种对大师盲从下的集体无意识现象，德鲁克的观点是一种不正确的、至少是相当有缺陷的观点，有必要予以指正。

德鲁克在其1973年发表的代表性著作《管理：使命、责任、实务》中，对企业存在的目的作了定义，他说："企业的目的只有一个适当的定义——创造顾客。"

1. "创造顾客"学说的诞生

德鲁克提出"创造顾客"学说的时代背景，是西方资本主义国家工业化发展的高峰时期。这一时期产业社会的基本特点是，高效率、大规模的工业化生产，使许多产品过剩，形成了所谓生产过剩的危机。

第一章
论企业存在的目的

这种危机促使包括企业管理者及管理学者在内的人们思考解决危机的办法,德鲁克的"创造顾客"学说就是对生产过剩危机的管理学解释。在某种意义上说,德鲁克的"创造顾客"学说与其说是一个严谨的管理科学理论,不如说是一个解决企业现实问题的思路。

德鲁克提出"创造顾客"学说的出发点,是为了解决当时企业经营中一个普遍存在的关键问题——营销问题。德鲁克在他的书中写道:"是顾客决定了企业是什么,因为只有顾客,通过其对商品或服务的购买,才使经济资源转化为财富,使物品转化为商品。企业想生产什么并不十分重要,而顾客想买什么,什么是他们的认知价值,才是决定性的。他们决定着企业是什么,企业生产什么,企业是否会兴旺。"他进一步推论说:"由于企业的目的是创造顾客,因此,任何企业都有两项职能,也仅有这两项基本职能——营销和创新。只有营销和创新能产生出经济成果,其余的一切都是'成本'。"德鲁克认为:"组织并不是为了自己而存在的(企业是组织的一种形式)。组织只是一种工具——每一个组织都是用以执行某种社会功能的社会机构。对于组织而言,光求生存是不够的,这是它与生物体很大的不同。组织的目标,是对个人和社会作贡献。因此,对其功能的考验,都是来自外部的。这也是它与生物体不一样的地方。"

2. 德鲁克"创造顾客"学说的不足

我认为,剖析上述文字,可以明显发现德鲁克"创造顾客"的观点存在以下不足:

第一,德鲁克立论的基础是不正确的。德鲁克认为:"要想知道企业是什么,必须从理解企业的目的开始。企业的目的必须存在于企业本身之外,存在于社会之中,因为企业是社会的一部分。"

明显地,德鲁克抛开了企业主体去谈企业存在的目的。正如同个体的人一样,每一个人存在的目的,并不需要外在的社会去定义,而是由每一个作为主体的人,自己定义自身存在的目的的。也就是说,企业存在的目的,不应当由社会定义,而应当由企业自身定义。只是企业在定义和追求自身的目的时,不能脱离社会的基本准则和社会现实环境。用德鲁克的话说,就是"对其功能的考验,都是来自外部的"。

第二,德鲁克混淆了目的与工具。正如人生存不是为了吃饭,人吃饭只是为了生存一样,企业存在并不是为了创造顾客,创造顾客只是企业存在的必要条件。企业存在的目的是为了满足企业人自身的需要,这个需要是一个复杂的欲望集合,包括财富、成就以及其他一切人们所向往的美好东西,我们在本书中将满足这些综合的需要统称为追求幸福。

第三,德鲁克将企业经营管理活动中的个别活动如营销、创新神圣化了。他说:"由于企业的目的是创造顾客,因此,任何企业都有两项职能,也仅有这两项基本职能——营销和创新。"在这里,德鲁克犯了一个逻辑错误。企业的经营管理活动是一个系统工程,它包含着多样的相互之间有密切联系的工作内容,营销和创新只是其中的两项,而其他的工作内容如生产、原材料的供应等,与营销和创新在逻辑上居于同等重要的地位,对企业而言都是必不可少的。

第四,从德鲁克的学术源流看,德鲁克被视为经验主义学派的代表人物,他的一句名言大致反映了他对管理学的观念。他说:"管理是一种实践。其本质不在于'知',而在于'行';其验证不在于逻辑,而在于成果;其唯一权威就是成就。"经验主义学派以向大企业提供当代的管理企业经验和科学方法为目标,并认为管理学就是研究管理经验,通过对管理人员在个别情况下的成功和失败的经验教训的研究,可以使人们懂得在将来相应的情况下如何运用有效的方法解决管理问题。不难发现,经验主义学派的主要缺点,是容易受个别的、特定时代的企业管理实践的左右,其得出的结论缺乏整体的、理论的、人文的和历史的高度,因而很可能不具有普适性。德鲁克"创造顾客"观点的错误就在于,他只是把一个经验当做理论,而没有对其进行理论上的和哲学上的深入思考。

3. 德鲁克提出"创造顾客"学说的时代背景

在分析德鲁克的"创造顾客"学说之前,需要先了解德鲁克在1973年提出"创造顾客"学说的时代背景。

20世纪70年代初有几个特殊的矛盾"交相辉映"。一是世界大格局的冷战,美苏争霸使得美国深受压力;二是第二次世界大战后德日等国快速复苏,加重了美国企业的竞争压力;三是爆发了第四次中东战争;四是美国国内出现了战后的第六次经济危机,以美元为核心的世界货币体系几近崩溃。

这一时期,西方国家普遍出现了生产过剩和经济滞胀的现象,而在第四次中东战争中,阿拉伯国家运用石油武器对支持以色列的国家

实行石油禁运，削减石油产量，结果石油价格暴涨，导致第一次石油危机爆发。石油危机的出现，严重影响了西方国家的经济发展。

上述的国际国内环境，使得这次经济危机成为战后以来美国最严重的一次经济危机，具有两个突出特点：第一，生产过剩的经济危机与严重的财政金融危机交织；第二，美国的经济危机与其他主要资本主义国家的经济危机大体上同时发生，是世界性的资本主义经济危机。

据美国官方统计，1972年，美国工人年失业人数为484万，1973年为431万，比战后历次经济危机时的失业人数都高。一方面是大量的失业，另一方面是生产的增长。1972年全年，美国工业生产总值比1971年增长约9.2%，到1973年11月达到最高点时，比1972年12月增加约4.6%。不难想象，生产总值和失业人数的增加必然导致生产大于需求。表现在微观上，就是企业普遍感受到市场的压力。

作为一位经验主义管理学者，德鲁克将管理的重心放在了营销和顾客上，并提出了"企业存在的唯一目的就是'创造顾客'"这一观点。因为在那个特殊的时代背景下，德鲁克的观点较好地迎合了当时企业的需要。坦率地讲，德鲁克的"创造顾客"学说根本就不是一个严肃的理论，而更像是为那些因营销困难而寻求解决方案的企业提供的一个"管理咨询"建议，这个建议不具有理论特征，也不该被原封不动地拿来当成我们这个时代的法宝。

在本节的最后，有必要简单地探讨一下我们对大师，尤其是国外大师的态度问题。

自工业文明以来，西方国家在科技和工业领域率先获得了长足的发展，这导致了两个直接的结果：一是西方国家变得强大，并且通过

第一章
论企业存在的目的

政治和军事的手段在世界范围内进行扩张;二是西方国家在科技发展和实力扩张的过程中,奠定了自己在文化、思想、科技等方面的领先优势,并在意识形态领域逐渐占据了统治地位。

由于上述原因,在封建统治下故步自封的中国不可避免地遭到了西方的侵略、掠夺,也残留下了崇洋媚外的劣习,在许多方面,我们的一些人唯西方马首是瞻,失去了主体意识和创造性。

有的人会说,大师之所以能成为大师,他们必有过人之处,不可能犯低级的错误。但事实并非如此,不仅是管理学大师,无数比管理学大师还要伟大的人物都不可避免地会犯这样或那样的认识错误,因为不论是什么样的人,在认识上都是有局限的。

今天的中国学者或企业管理者,尤其没有必要再崇洋媚外。西方管理思想先进并不是因为西方智慧达到了我们无法企及的高度,而是因为企业在西方的出现和发展普遍早于中国,使得西方更早着手于企业管理的研究。说到底,西方企业管理思想的根本特点是早,而不是深刻或完善,因此中国无须盲从。我们应当结合人类发展的时代特点,以及中国自身的需要与历史文化背景,提出中国式的管理思想、方法和工具。

管理学是一个实践性很强的学科,其理论和方法都在随着时代的变迁发生着重要的、有时是革命性的变化。在德鲁克提出"创造顾客"学说38年后的今天,环境已经发生了巨大的变化,我们没有必要抱残守缺,盲从一个国外大师本来就有缺陷的理论。

第三节 企业存在的根本目的是创造幸福

德鲁克的"创造顾客"学说存在着明显的缺陷和不足,但这并不是说企业就不需要创造顾客或创造利润了,相反,企业为了自身的生存与发展,必须持续不断地创造顾客。这就像人的生存离不开吃饭喝水一样,但我们不能因此说,人的生存就是为了吃饭喝水。

企业的存在,显然有比创造顾客或创造利润更高级、更复杂的目的和意义,这些目的是多样化目的的一个集合,用一个词语来表达,就是"创造幸福"。

目前,对幸福企业的关注逐渐多起来了,一些机构已经开始对企业家和企业的幸福状况进行调查,这是一个企业哲学转变的积极信号。从2010年5月开始,幸福企业俱乐部(由用友软件集团发起)与计世资讯联合,由中国科学院研究生院管理学院提供学术支持,围绕幸福企业的认知、概念和判别标准对近千家企业进行了调研。在第一阶段调研的基础上进一步对100家企业的高管进行了访谈,并发布了《中国企业幸福指数白皮书》,以期描述中国企业的幸福现状,归纳幸福企业的共同基因,探寻中国企业的幸福之道。这项调查显示,国内大多数企业逐渐摆脱了生存的压力,开始感知幸福、追求幸福,但多数中国企业对幸福的感知程度并不高,对幸福的追求尚不主动。中国企业总体幸福指数为56.7,多数企业的幸福指数在50~60之间,即大多数企业已初步品味到幸福，但是要么持续的时间不长、要么感知的程度尚浅。《浙商》杂志在制作最新"2011浙商幸福企业30佳"榜单时，运用马斯洛的五大需求理论对浙江企业家进行了幸福感调查。调查结果显示，在百余名被调查的浙商中，65.6%的浙商觉得"正在努力实现自我"，21.9%的人"看得到希望，但还遥远"，12.5%的人"已经心满意足"。

虽然从这些数据看，中国企业和企业家的幸福指数还不够高，不够理想，但社会对企业及企业家幸福关注度的提高是件好事，这是一种价值观的回归。幸福本来就应当是企业和企业家最根本的追求，商业存在的目的并不只是经济利益。

1. 企业是人们实现个人目的的工具

本书探讨的企业，是指自由市场经济下的独立法人企业。有些特殊企业的创办隐藏着国家政治上的特殊目的，不在本书讨论的范围之内。比如，1600年成立的英国东印度公司，不仅具有一般商业公司的基本职能，还从英国政府那里获得贸易独占权，并拥有军队（包括舰队）。它在殖民地建立政府机构，对殖民地进行残暴的政治统治和经济掠夺，是贩卖奴隶、毒品的军政经合一的殖民机构。这家世界历史上臭名昭著的公司曾攫取鸦片专卖权，向中国大量输送鸦片，引发了开启中国近代屈辱历史的鸦片战争。这样的企业，明显地成为国家的政治工具，其行为是国家政治的延续。

通常情况下，企业创建者们希望企业给自己带来某些利益，其中最为直观的利益是利润，但又不是利润这么单一。因为企业一经创立，

就与创办人的各项活动有密切的联系,成为影响创办人社会声望、社会地位、成就感以及人际关系等的重要因素。

企业是企业人的创造物,它存在的目的也必然取决于它的"主人"——企业家及其他共同创造或管理它的全体成员。换言之,企业应当也必然是企业人的工具。也就是说,企业存在的目的取决于企业自我的"需要",应当由企业人定义,而不是由外部的社会人定义。这就如同一个人一样,无论他是好人还是坏人,他的能力是高还是低,他在社会存在的目的,永远都是由他自己决定的,而不是由别人或社会强加在他身上的,这就是人的主体性和天赋人权。

2. 国家是个人实现幸福的工具

要了解企业这一社会组织创建的目的,需要先从一个更大的社会视野,去观察国家这一特定组织构建的基本逻辑。

一个为人们所熟知的有深远影响的宣言——美国《独立宣言》,阐述了国家管理体制构建的机理。《独立宣言》以诗意的语言阐明了其政治哲学:

我们认为下面这些真理是不言而喻的:人人生而平等,造物者赋予他们若干不可剥夺的权利,其中包括生命权、自由权和追求幸福的权利。为了保障这些权利,人类才在他们之间建立政府,而政府之正当权力,是经被治理者的同意而产生的。当任何形式的政府对这些目标具破坏作用时,人民便有权力改变或废除它,以建立一个新的政府;其赖以奠基的原则,其组织权力的方式,务使人民认为唯有这样才最可能获得他们的安全和幸福。

很明显，美国《独立宣言》的政治哲学，是人们追求民主、自由和幸福的哲学，它阐明了国家这一组织存在的目的是为了保障每个人的权利，国家是个人实现自由、幸福的工具。

我认为，既然企业存在于国家这一社会组织之中，而国家存在的目的是为了实现每个人的幸福，那么企业存在的目的理所当然也是为了企业人个人幸福的实现，这是一个基本的逻辑推论。

从微观上看，企业内部人员基本可以分为两类，企业的创建者和雇员。

企业的创建者很自然地会把企业看做实现个人目的的某种工具，否则他们完全没有必要费尽心机，承担巨大的风险去创建企业，这是不难理解的结论。

那么对于企业的雇员来说，到底他们是企业的工具，还是企业是他们的工具，或者两者互为工具呢？

我认为，企业是雇员的工具。原因有以下两点：首先，人们是否加入一个企业，他自己有选择的权利。选择成为企业的员工，是一种自愿的利己行为，这种利己行为的背后，必然是将企业视为自己实现某些目的的工具。其次，人们有权退出一个企业。如果他认为企业已经不是实现他个人目的的最佳选择，那么他有权选择退出。

3. 有限的物质利益与无限的精神生活

追求幸福，有两个发展的向度：一个向度是追求物质世界，另一个向度是追求精神世界。

建幸福企业

人的存在不能脱离物质世界（事实上，多数企业人都能够得到基本的物质世界保障），但与物质世界相比，精神世界则更为丰富、广大。与有限的物质利益相比，精神生活可以有近乎无限的发展，而且并不以消耗资源和破坏环境为代价。当今全球发展的一个根本矛盾，是人类在征服自然和改造自然的过程中，产生的巨大的资源消耗和环境破坏导致的人与自然的矛盾。这个矛盾日益尖锐，而要缓解这个矛盾，只有适当收敛人们向物质世界的无度索求。

物质世界具有排他性，分享便会减少。"贫"字，从字形上看，它的意思就是"分钱"（分贝，贝就是钱），钱被分享便是"贫"。但在精神世界，越分享反而会越富有。对物质的追求，会导致竞争、矛盾、对抗甚至战争；而对精神的追求，却会带来开放、友爱、合作、共鸣和共赢。

从人类生存与发展的角度看，单纯追求物质利益和消费主义的文明模式是不可持续的，因为有限的自然资源将会因为物质主义的欲望膨胀而迅速消耗殆尽。因此人类文明的模式必然需要向注重创造、分享和精神生活的方向转移，这是避免人类产生深层危机的明智选择。

当代中国以物质主义为主的社会氛围无疑受了西方"资本扩张运动"的影响，要摆脱这种消极的影响，需从中华文化的文化根本上汲取营养。

中国古代是重视精神生活的，这种对精神生活的重视，与汉字的固有优势有关。

汉字是一种意蕴深远的文字符号，象形、简洁和对称等特点，使其具有独特的审美功能，为人们创造了丰富的精神空间。比如，"与我心有戚戚焉"这句简单的话就能使人们产生强烈的共鸣，一个词就能

第一章
论企业存在的目的

产生心灵的美好体验，拉近人们的距离，创造快乐。

孔子曾经赞扬他的弟子颜回说："一箪食，一瓢饮，在陋巷，人不堪其忧,回也不改其乐。贤哉回也！"把这段话翻译成现代文,就是："贤德啊，颜回吃的是一小筐饭，喝的是一瓢水，住在简陋的小房中，别人都受不了这种贫苦，颜回却仍然不改变向道的乐趣。贤德啊，颜回！"

颜回是孔子最得意的门生之一，他自幼生活穷苦，却能安贫乐道，一生中既没有做过官，也没有发过财，是一个标准的"清苦儒生"。然而就是这么一个无职无产的儒生，却在中国历史上人过留名。据《史记·仲尼弟子列传》记载，颜回在汉时被列为七十二贤人之首，后世更是尊其为"复圣"。使颜回感到快乐的，不是物质的丰富，而是精神的丰盛，精神的发展可以使人跨越物质的羁绊。

从物质层面上说，当今中国已有相当一部分人拥有了较为丰富的物质生活。单纯从所拥有的生活工具看，在许多方面甚至已经超过了古代的帝王：人们可以通过电视享受近乎无限的娱乐节目，现代交通工具拓展了人们的生活空间，许多人拥有了私人汽车……也就是说，在物质世界，许多人已经很富有了，继续选择物质世界这个向度去发展，已经不具有决定性的价值和意义了。庄子说："鹪鹩巢于深林，不过一枝；偃鼠饮河，不过满腹。"这个世界之所以有人追求无边的财富，不是因为真正的需要，而是因为过度的占有欲，这是精神世界出了问题。

人与动物的根本区别在于精神向度，文化是种族的心灵。当今社会的职业阶层，尤其是高级职业阶层，已经衣食无忧，他们还需要什么呢？那就是精神世界的发展。企业人生存在一个共同的空间里，人们在相互制约和相互影响着，如果大家都以爱心相对，那么带来的必

然是如沐春风的轻松喜悦。

4."需要—创造"理论与幸福企业时代的来临

人类在自然界中的一切生存和发展都是由自己的思想和行为来决定的。马克思说:"历史不过是追求着自己目的的人的活动而已。"企业作为人类的一个实践范畴,与人类的社会活动有着必然的一致性。

人是有意识、有目的的动物。支配人们行为的,不是别的,正是人们的内在需要。根据社会学关于人类主体存在的认识,人类是因需要而进行创造的,人的需要越强烈,创造力就越强。

同样的,企业是一个"需要—创造"的系统。需要是创造的源头,一个企业的创造力与企业自身需要的发展成正比。一个企业的需要越丰富,自我实现的目标越有效,其生命力就越强。这就意味着,如果将企业的需要仅仅定位于狭隘的功利利益追求,就等于束缚了企业的创造力,不能充分发挥企业的社会价值。如果将企业的需求定义为创造幸福,那么企业创造的能力将向着广义的幸福方向发展,企业的社会价值就更显著。

第二章　幸福企业：概念、特征与基本假设

> 人类一切努力的目的在于获得幸福。
>
> ——欧文

第一节　什么是幸福企业

深入探讨"幸福"本身的内涵，是哲学家们的任务，不是我们研究的重点。我们根据对幸福的普遍性的理解，将幸福定义为心理欲望得到满足时的状态。换句话说，幸福是一种持续时间较长的，由那种根本的、总体的需要得到某种满足时所产生的愉悦感。

幸福是一种感觉，它不仅取决于人的现实生活状态，更取决于人的心态。关于什么是幸福人生，我曾经描述道：

我认为，人生应当有超越实用、超越功利的崇高意义，应当在生命中注入一种使命、理想与激情，应当在实现人生财富梦想的过程不断提升人生的境界。人生的目的，永远是为了创造幸福，是为了创造一个自然和谐、健康丰富的幸福人生。

什么是幸福人生？幸福人生是"采菊东篱下，悠然见南山"的闲适；幸

福人生是"中流击水,浪遏飞舟"的英逸;幸福人生是"为天地立心,为生民立命"的追求;幸福人生是"游目骋怀,足以极视听之娱"的欢快;幸福人生是"长风几万里,吹度玉门关"的雄阔;幸福人生是"鹰击长空,鱼翔浅底"的勃勃生机;幸福人生是"海内存知己,天涯若比邻"的真挚友谊;幸福人生是"临行密密缝,意恐迟迟归"的伟大母爱;幸福人生是"登昆仑兮四望,心飞扬兮浩荡"的奕奕神采……

幸福人生不只是物质财富的丰盈,更是灵魂的充实和满足,是"物质上知足常乐,精神上自强不息"的统一体。

幸福在每个不同的时代会被赋予不同的内涵,每个不同的个体对幸福也有不同的诉求。大约20年前,我的一位朋友在国有企业工作,由于他儿时的生活艰辛,因此很为当下的生活自豪。他说,在他小的时候,他爷爷曾经有过一个"伟大"的愿望:"大孙子,爷爷要是以后夏天都能坐在树阴下乘凉,一边喝茶一边吃着白面馒头就好了!"如果这位朋友的爷爷在世,他一定会发现,按照他过去的标准,他的孙子已经非常幸福了,全国人民基本上也都非常幸福了。但事实上,幸福是一个与时俱进的概念,在简单的物质生活被满足之后,人们又开始了新的追求。

有了对"幸福"和"幸福人生"的理解,我们再来谈什么是"幸福企业"。

正如幸福没有固定的格式一样,对幸福企业也不会有权威的定义。简言之,幸福企业是能够创造幸福的企业。小而言之,幸福企业是致力于为包括企业家在内的全体员工创造幸福的企业;从较高的境界上讲,幸福企业是致力于为企业全体员工以及客户创造幸福的企业;从

第二章
幸福企业：概念、特征与基本假设

最高的境界上讲，幸福企业是能够为社会甚至人类创造幸福的企业。本书的幸福企业是指致力于为包括企业家在内的全体员工创造幸福的企业。

这就如中国传统的"正心、修身、齐家、治国、平天下"理论。古代那些要使美德彰显于天下的人，就要先治理好他的国家；要治理好国家的人，就要先整顿好自己的家；要整顿好家的人，就要先进行自我修养；要进行自我修养的人，就要先端正思想。思想端正了，然后自我修养才会完善；自我修养完善了，然后家庭才会整顿有序；家庭整顿好了，然后国家才会安定繁荣；国家安定繁荣了，然后天下才会太平。

幸福企业也是类似的道理，是一个由小到大，由此及彼，由小境界到大境界的不断发展和升华的过程。对于正在艰苦创业的公司，不必言必称为人类、为社会，只要他们遵纪守法，坚守正道，为客户提供有价值的产品或服务，为全体员工赢得发展的机遇和条件就算合格了。而那些已经站在产业社会最前沿的领袖企业，由于它们的行为会对社会甚至人类的发展产生较大的影响，因此对于这样的公司，就应要求它们把幸福企业的概念建立在社会和人类的范畴上。比如，三星的企业文化理念是"我们默默地改造世界"，人们想到这个理念的时候，内心不可避免地会产生一种职业的成就感，甚至崇高感。比如，《华为基本法》开篇："华为的追求是在电子信息领域实现顾客的梦想，并依靠点点滴滴、锲而不舍的艰苦追求，使我们成为世界级领先企业。"一方面，它能够让客户有一种良好的感受，另一方面，它也让华为的员工有了一种使命感。

第二节 幸福企业的五项基本特征

横看成岭侧成峰,远近高低各不同,不识庐山真面目,只缘身在此山中。

这首《题西林壁》是大诗人苏轼由黄州贬赴汝州经过九江时,游庐山所作。它描写了庐山变化多姿的面貌,并借景喻理。不难想象,秀美的庐山,仪态万方,从不同的视角观察它,它就会呈现出不同的景象。

同样的,企业是一个复杂的系统,从不同的侧面观察,也会得到不同的结果,对幸福企业的描绘更是如此。结合社会科学对个体幸福的定义以及企业组织的自身特点,我认为,幸福企业的概念包含以下五项基本内容:

1. 幸福人基本假设

对人性的基本假设是一切管理的出发点,也是创建幸福企业最根本的一点。创建幸福企业,必须从对人性的基本认识出发。我认为,幸福企业的基础是幸福人的基本假设,只有以幸福人的人性假设作为基础,才有可能创建出真正的幸福企业。(关于幸福人的基本假设,详见本章第四节)

2. 企业的成就

企业是一个商业组织，如果缺乏事业上的成就，那么它对客户、社会、股东和员工的价值都将是有限的，创造幸福的能力也必将非常有限。因此，幸福企业必须不断成长，向更有成就的目标进发。

企业的成就不仅是效率、利润、规模等有形成果，也包括思想的创造、价值观的塑造、企业品牌形象等无形成果。

倡导幸福企业最大的障碍，是人们片面地理解了幸福的含义，往往为了追求个人的幸福而消极工作。因此，我们特别强调企业成就在创建幸福企业中的重要地位：幸福企业必须富有成就，员工必须把贡献视为获得幸福的原则。

3. 企业的文化特质

幸福的企业必须有一种优良的组织文化环境。一种健康的、欣欣向荣的企业文化是幸福企业的基本特质，幸福企业都是注重企业文化建设的。

幸福企业的原始含义是为企业人创造幸福，因此，幸福企业的企业文化应当是高度的以人为本的文化，是有爱的文化。

4. 企业家身心状态与人生境界

作为企业的带头人，企业家在引导企业发展的方向和创建企业的文化系统等方面发挥着重大的作用。企业家的价值观以及他们个人的身心状态、人生境界，部分地代表了企业整体的员工状态以及企业的思想边界和思想高度，也体现了企业的成就所能够达到的层次。同时，对企业家的识别和观察，相较于对整个企业进行识别和观察来说，也更加容易。因此，我把企业家身心状态与人生境界作为创建幸福企业的一个重要指标。

把企业家的身心状态和人生境界作为幸福企业重要指标的一个重要价值在于：有利于企业家在经营管理企业的过程中，注重检讨、修正和完善自我，避免因过度追求功利而牺牲整个人生；有利于鞭策企业家更好地投身到幸福企业的建设中来，重建个人的世界观、价值观和企业的方法论。

5. 员工的成长与幸福感

注意，我们这里提出的不仅仅是员工幸福感，还包括员工的成长。如果没有个体的成长，那么企业的成长和成功也无从谈起，因此，企业中对个体幸福的追求不能脱离对成长的客观要求，不能只谈个体的幸福而没有个体的成长。

员工的成长与幸福感应该被放在同等重要的位置，要创建幸福企业就要帮助员工成长，而成长是通过学习、有创造性的职业安排等方式来实现的。员工的幸福感可以通过社会普遍采用的幸福指数等方法来测量和评价。

第三节 幸福企业的自我、大我及大同境界

按照创造幸福的不同对象和范围，可将幸福企业划分为三重不同的境界：

第一重境界，是致力于实现企业创办人等少数人的幸福，我们把这一境界命名为幸福企业的"自我境界"。

第二重境界，是致力于实现包括企业创办人在内的全体员工的幸福，我们把这一境界命名为幸福企业的"大我境界"。

第三重境界，是致力于实现包括企业全体员工、客户以及广泛的社会群体的幸福，我们把这一境界命名为幸福企业的"大同境界"。

按照上述三个不同境界的划分，多数企业都处于第一或第二重境界上，能够达到第三重境界的企业是比较少的。甚至有不少企业达不到幸福企业的第一重境界，它们的企业家根本就没有认真思索过创办企业的真正目的，只是习惯性地将企业视为一个为个人谋取金钱的工具。这些企业家经常被视为唯利是图的人，其中的部分人甚至为了实现个人利益的最大化而不择手段，即使他们创办的企业有经营业绩，但就其人生而言，是很难得到幸福的。

建 幸福企业

1. 幸福企业的"自我境界"

处于"自我境界"的幸福企业,注重企业家个人(或股东群体)的幸福实现,他们把企业视为实现自己幸福的工具。"自我境界"的企业往往是较难发展壮大的,因为创建一个有规模的良好企业需要的是全体员工的共同努力。

在中国,有些特殊类型的企业规模很大,但企业家并不重视员工的幸福,比如一些房地产企业、资源型企业(如私营矿业)。这是中国特定的社会环境造成的,因为当房地产企业和资源型企业的核心增值要素由政府权力支配时,企业员工确实不能成为核心竞争力。这些特殊的企业,不在本书讨论的范围内,我们讨论的基本前提是,企业是在相对的公平环境下自由竞争的企业。

在企业家创业初期,企业经常是处于"自我境界"的。一些优秀的创业者在创业初步成功后解放了思想,建立了与员工共同发展的思想理念,但更多的创业者还是停留在"自我境界"上,使企业的成长受到很大的制约。10年前,在北京市海淀区有一家信息技术高新企业,企业的创办人是一位技术专家。这位技术专家非常年轻也非常自负,由于技术和产品有一定的优势,他的公司得到了海外风险投资公司5000万美元的投资,这个投资在10年前是一个不小的数目。按常理,以董事长为核心的研发团队技术能力很强,又得到了较充足的资金支持,当时的市场环境也非常好,公司应当有条件长足发展了。但事实情况却恰恰相反,由于这家企业的董事长过于自负,又缺乏分享的理念,只看重自己的技术和外来的投资,完全不把员工的利益放在心上,结果公司越办越差,一年半后,公司核心人员走了四分之三以上,公司员工也不到原来的三分之一。数年后,公司从其所在行业的第一阵营败退下来,变成了一个默默无闻的小公司。最能反映这家公司董事长"自我"观念的一句名言就是:"我们不担心谁走,谁不满意谁就走,我们有的是钱,不怕找不到能人。"

2. 幸福企业的"大我境界"

"大我境界"与企业的规模大小、实力强弱没有必然的联系,一些觉悟早的企业家在创业企业的初期就能够确立与员工共同创造幸福的理念。

北京有一家特种机械公司,它的创办人曾是北京市某局局长。这位年长的创业者在2005年个人投资创办了该企业,企业初期的发展十分迅速,当初投资200万元创立的小公司几年后就发展成为资产过亿元的大公司。为了对核心层进行有效的激励,他把部分股份赠予了两位年轻的重要助手。2010年底我们见面时,他又与我探讨要再将部分股份赠予现在的技术负责人。他说,当初投资时如果有人想拥有股份,拿点钱就可以办到,但现在公司资产数亿元了,内部员工没有人买得起,只能无偿赠送给关键的人员。除了赠予核心人员股份外,这位原局长还给员工设计了良好的激励机制,并注重营造一种优秀的文化氛围。他非常满意地总结道:"这比当局长的感觉好多了,我现在自由、自在,能够按照自己的想法做事情,让我感到从未有过的轻松、

快乐,也算有了点成就。虽然公司现在不算很大,但它给我带来的财富已经足够了,为什么一定要为自己争取那么多呢?让其他人也有所得,大家都会更满意一些,这样大家的目标也更加一致,企业这块蛋糕也可以做得更大。"我个人认为,这位原局长创业发展迅猛,固然与他的人脉资源有一定的关系,但与他的胸怀以及共同致富、共同幸福的理念更是分不开的。

3. 幸福企业的"大同境界"

"在巨富中死去,是一种耻辱。"这是美国"钢铁大王"卡内基的一句名言。

达到"大同境界"的幸福企业,是那些少数胸怀天下的杰出企业。最近几年,企业在重视社会责任方面整体上有所加强,这是企业向"大同境界"迈进的一小步。

微软公司的创办人比尔·盖茨正在创办一个"大同境界"的企业,微软在引领信息技术变革与发展的过程中,不断地满足全球的需要,不断地创造标准,不断地创造财富,也不断地带动其产业链持续成长。不仅如此,作为全球最富有的个人之一,比尔·盖茨将辛勤创业所获得的财富回馈社会。2008年6月,比尔·盖茨宣布正式引退,他在接受媒体采访时表示将把自己580亿美元的财产全数捐给名下的慈善基金——比尔和梅琳达·盖茨基金会。他说:"我和妻子希望以最能够产生正面影响的方法回馈社会。"

比尔·盖茨所获得的巨大财富,是其生命价值的一种体现。因此,比尔·盖茨捐献行为的本质并不仅仅是简单的善行,而是一代创新型劳动者的人生观、价值观的表现。盖茨的巨额财富不是靠巧取豪夺,而是靠创新型的劳动和不懈奋斗获得的。可能多数人会认为,一生辛苦奋斗得来的财富,应该留给自己的子女。但比尔·盖茨认为:"人的生命价值是劳动创造。"这也印证了我们的观点:劳动创造可以演变为一种恰当的生活方式,创建幸福企业不仅可为,而且大有可为。

第四节 "幸福人"人性的五个基本假设

管理学的根本对象是人,因此管理离不开对人性的基本假设。作为一个新的企业管理理论,幸福企业理论同样需要有自己对人性的基本假设。我们从"企业是企业人实现个人幸福的工具"出发,提出了幸福企业理论的幸福人基本假设。

在提出幸福人假设之前,我们先来回顾一下管理学上有代表性的人性假设。

管理学上,关于人们工作原动力的理论有许多种,其中比较著名的有 X 理论、Y 理论和超 Y 理论。

X 理论和 Y 理论是管理学中关于人们工作原动力的理论,是 1960 年美国心理学家道格拉斯·麦格雷戈在其所著的《企业中人的方面》一书中提出来的。这是一对基于两种完全相反的假设所提出的理论:X 理论认为人们有消极的工作原动力,而 Y 理论则认为人们有积极的工作原动力。

X 理论是基于麦格雷戈把人的工作动机视为获得经济报酬的"实利人"这一基本假设而得到的理论。其主要观点是：

第一，人类本性懒惰，厌恶工作，会尽可能地逃避。绝大多数人没有雄心壮志，怕负责任，宁可被领导骂。

第二，多数人必须用强制的办法（如惩罚、威胁等）进行管理，才能使他们为达到组织目标而努力。

第三，激励只在生理和安全需要的层次上起作用。

第四，绝大多数人只有极少的创造力。

因此，按照 X 理论的观点来看，企业管理的唯一激励办法，就是以经济报酬来激励生产，只要增加金钱奖励，便能取得更高的产量。所以这种理论特别重视满足员工的生理及安全需要，同时也很重视惩罚，认为惩罚是最有效的管理工具。麦格雷戈是以批评的态度对待 X 理论的，他指出："传统的管理理论脱离现代化的政治、社会和经济环境来看人，是极为片面的。这种软硬兼施的管理办法，其后果是导致职工的敌视与反抗。"

他针对 X 理论的错误假设，提出了相反的 Y 理论。Y 理论将个人目标与组织目标融合，主要观点是：

第一，一般人的本性不是厌恶工作，如果给予适当机会，人们喜欢工作，并渴望发挥其才能。

第二，多数人愿意对工作负责，寻求发挥能力的机会。

第三，能力的限制和惩罚不是使人去为组织目标而努力的唯一办法。

第四，激励在需要的各个层次上都起作用。

第五，想象力和创造力是人类普遍具有的。

因此，人是"自动人"。Y 理论相应的激励办法是：扩大工作范围；

第二章
幸福企业：概念、特征与基本假设

尽可能把员工工作安排得富有意义，并具挑战性；用工作之后引起的自豪感，满足其自尊和自我实现的需要，使员工达到自我激励。只要启发内因，实行自我控制和自我指导，在条件适合的情况下就能实现组织目标与个人需要统一起来的最理想状态。

超Y理论是1970年由美国管理心理学家约翰·莫尔斯和杰伊·洛希根据"复杂人"的假定，提出的一种新的管理理论。该理论认为，没有一成不变的、普遍适用的最佳管理方式，必须根据组织内外环境自变量和管理思想、管理技术等因变量之间的函数关系，灵活地采取相应的管理措施，管理方式要适合工作性质、成员素质等因素。超Y理论是在对X理论和Y理论进行实验分析和比较后，提出的一种既结合了X理论和Y理论，又不同于X理论和Y理论的主张权宜应变的经营管理理论。它要求将工作、组织、个人、环境等因素作最佳的配合。

以上关于人性假设的X理论、Y理论、超Y理论，都有其合理的成分，其中，超Y理论与我提出的"幸福人"人性理论较为相近。我提出的"幸福人"的五项基本假设是：

第一，人本幸福主义，即追求幸福是包括企业家在内的每个员工的根本动机和最终目的。

第二，幸福包含多样的价值目标，组织通过定义和发展这些价值目标，引导人们的思想和行动。

第三，人性中有恶劣的一面，也有美好的一面，人性的展现需要引导并依赖于场景的发挥。

第四，多数人并不视劳动为快乐，但组织可以赋予劳动更高的效率、更佳的成就、更好的回报和更高的意义，从而创造更多的组织成就和个人幸福。

第五，多数人都有巨大的发展潜力和创造能力，并能够被有效激励。

以上五项基本假设，有以下几个特点：

第一，企业不只是企业家和员工谋生的工具，更是他们追求幸福的重要工具和载体。

第二，幸福不是一个千篇一律的、单一的价值目标，而是繁杂多样的价值目标集合。幸福的内涵是动态发展的，组织可根据自身发展的阶段和特点定义幸福，并以此调整员工的价值观和行动。

第三，人性中有善也有恶，是复杂的、多变的，但是可以因势利导，管理人的任务就是抑恶扬善，充分发挥人性中的积极因素。

第四，幸福人理论并不是一个遥不可及的空想。幸福人理论认为，虽然劳动对多数人而言，尚难成为一种自觉自愿或自娱的行为，但组织可以通过管理的改善和信息技术等工具的运用，使劳动具有更高的效率——使同样的劳动创造更多的个人幸福，或使同样的劳动成果所消耗的必要劳动有效地减少。同时，人的主观感受与组织的文化氛围和心理暗示等因素有关，积极的文化氛围能够有效提升员工的幸福感。

第五，组织的成就源于个人的创造，而大多数人的创造力又是可以发展的，通过激励和能力的发展，个人和组织最终都能够实现更大的价值。

幸福是一个古老的概念，千百年来无数哲人智士均有论述，但并没有取得完全一致的认识，更没有权威的定义。同样的，关于幸福企业的理论阐释也应当是多样的。本书所提出的幸福企业概念、模式以及基本的假设，旨在为"幸福企业"这个空白的理论领域提供一个相对完整的体系架构，担当一个开拓者的角色。

第三章 从幸福企业到幸福人生、幸福中国

> GDP衡量一切，但并不包括使我们的生活有意义的东西。
> ——美国前总统肯尼迪

第一节 一个物质丰富而精神颓废的时代

世界著名调查公司盖洛普，在2011年4月就"幸福感"做了一项全球范围的调查，结果表明，仅有12%的中国人认为自己生活美满，这一数字甚至低于多年战火纷飞后刚刚略显平静的伊拉克，只与动乱中的阿富汗、也门和埃及相当，而幸福指数低于中国的多为穷困落后的中西非国家。在幸福指数最高的丹麦，多达72%的人认为自己生活美满。该调查还显示，另外71%的中国人认为自己生活艰难，有17%的人说他们生活困苦。

我们完全可以用"物质丰富而精神颓废"来描述当代中国社会。近些年来，中国经济一路高歌猛进，2010年GDP超过日本，成为全球第二大经济体。与经济的迅猛发展相比，中国人的精神面貌却每况愈下。在精神生活方面，中国不是在进步，而是在发生历史性地严重

倒退，跻身于精神上最穷困的国家。

中国人幸福感下降不是只表现在某一个群体、某一个阶层中，而是一个全面的社会集体病症。

拥有最高社会地位和最多财富积累机会的官僚群体幸福吗？他们在享受某些特殊"待遇"的时候也正在失去人生最为宝贵的一些东西。现在的一些市厅级干部在反腐中落马，其腐败的数字达到了可怕的"亿"元级。这样的腐败结果绝非一日之功，那一定是日积月累的结果。这意味着，拥有权力的这些官僚几乎是不停地在干坏事。

中国的企业家和富人们幸福吗？他们也有强烈的焦虑，越来越盛的投资移民潮就是一个明证。2011年4月20日，招商银行发布的《2011中国私人财富报告》显示，中国有50万人投资资产超过千万。千万富翁投资国内房地产的热情下降，投资移民意愿强烈。近年来，中国个人境外资产增加迅速，2008年至2010年年均复合增长率接近100%。与此同时，近年来，中国向境外投资移民人数也出现快速增长。以美国为例，中国累计投资移民的人数最近5年的复合增长率达到73%，近60%接受调研的千万富翁已经完成投资移民或已有相关考虑。而在亿万富翁（可投资资产规模在1亿元人民币以上的）中，约27%已经完成了投资移民。

中国的精英阶层幸福吗？从清末到新中国成立后的相当长一段时期，无数海外学子放弃海外优越的物质生活环境，甚至是克服海外敌对势力的重重阻挠，毅然回到穷困、落后甚至动荡的祖国。而现在，在一片繁荣的景象下，为什么大批精英分子反而选择离开自己的祖国？不排除少数人是为了学习和进步，或为了下一代的某种安排考虑而出国的。

但对于多数人而言，身处异国他乡，其本质是流浪。如果心灵在漂泊，那么即使在物质上富有，也是难言幸福的。

中国的中产阶级及以下各阶层，幸福的状态就更令人担忧了。中产阶级生活在城市，许多人饱受高房价的困扰，相当一部分人已经完全沦为高房价的奴隶，其人生的黄金时期不得不在打工还贷中度过。中国的知识分子，因为生活成本太高，只能出卖知识甚至出卖原则立场和灵魂去换取生活资本，从整体上说，他们已经近乎集体沉沦了。在我国人口中占最大比重的农民，他们中的许多人正在失去赖以生存的土地，沦为农民工甚至城市流民。而另一些农民，虽然他们有土地可以耕种，但低廉的粮食价格和日益恶劣的气候条件等因素，使他们的收入也难有明显的改善。曾经被誉为"天之骄子"的大学生现在一点也"骄"不起来了，他们在多年的艰苦学习后却发现，好的职位大部分已被权贵用非正常手段占据，自己不得不为在社会中谋得一席之地而奋力拼杀，而多数人都难以得到相对理想的职务。

当一个社会切断了个人奋斗与生活希望的必然联系时，心灵必然坠落。那么，变革社会和民众心灵的力量在哪里呢？

第二节 企业是革新社会的重要力量

这是一个企业社会化和社会企业化的时代，企业在社会中扮演的角色越来越重要。在这个精神颓废的时代，创建幸福企业是一种革新社会风貌的重要力量，创建幸福企业是创造幸福人生、幸福社会的重要基础。

1. 企业家已成为社会重要的价值标杆

社会生活是人们共存的状态,但社会价值观和发展方向却又被少数人引导和左右。这些少数人就是各行各业的领袖、英雄,他们的理想、价值观、生活方式已经成为社会的标杆,他们的一言一行,一举一动,都影响着人们的思想方向。

企业家已经在社会中占据着非常重要的地位。从人们的阅读和欣赏习惯中不难发现,除了纯粹的娱乐节目外,企业家的成长故事以及企业家的访谈节目最容易受到人们的欢迎和追捧,可见企业家的行为对整个社会产生着复杂而深刻的影响。

美国创业天才比尔·盖茨,不仅影响着美国人,也影响着全世界的人。在长达十数年的岁月中,一批又一批青年,怀着崇敬之心探索着盖茨的成功之道,他们学习、借鉴甚至仿效比尔·盖茨的理想、价值观和人格特质。在学习和追随的过程中,人们就潜移默化地受到滋润、感染,形成新的理想、道德情操、人格和价值观。

所以,我认为创建幸福企业不仅是企业和企业员工自身发展的需要,也是社会和国家发展的需要。创建幸福企业是创建幸福人生的重要方式,是创建幸福国家的重要构成,将追求单一功利的企业组织改造成追求幸福的企业组织,有利于实现社会整体的和谐及长治久安。

现代工业社会的一个基本特征,是企业人在数量上正在成为社会中的最主要的群体。在美国、日本、欧洲等工业发达的国家和地区,企业职员的数量已经超过农业等其他产业人口的数量，成为在数量上占有压倒性多数的群体。在中国，企业职员的数量也仅仅低于农业人口的数量而成为规模排名第二的群体。因此，在考虑一个国家或社会的发展时，不可能绕开企业这个在社会中至关重要的、在数量上十分庞大的组织。

企业与社会存在着复杂的关系：一方面，企业作为社会的一员，必须依靠社会才能生存和发展；另一方面，全球都存在着社会企业化的倾向，企业在推动社会发展与变革方面起着重要的作用。

2. 企业社会化与社会企业化

"美国的事业是企业。"美国前总统卡尔文·柯立芝的这句名言道出了企业在现代社会中举足轻重的地位及其深远的社会影响。

美国企业与美国这个国家一样，一直在世界经济舞台上占据着主导的地位，甚至美国企业比美国这个国家在世界上的表现更为突出。在美国《财富》杂志每年公布的世界500强企业排名中，美国企业的数量一直高居榜首，遥遥领先于日本等经济发达的国家。即使在排行表现较差的2010年，美国仍占据了140个席位，接近500强企业总数的三分之一。

美国企业能有如此成就，原因是多方面的，但其中最重要的原因是美国对企业和企业家的重视。美国的企业家是全球最幸运的人，他们被冠以"新美国英雄"的称号，美国人崇拜企业家甚至到了狂热的地步。正是这种顶礼膜拜使美国的企业家一直占据着社会的中心舞台，

成为年轻一代追寻的"美国梦"。美国在建国的 200 多年里，成长起来了一批又一批让人赞叹的商业巨子。

美国企业优越的生存状态给我们的启示是：现代社会发展的一个重要推动力量来源于企业，企业在某种意义上已成为社会的中坚力量，中国欲创造一个和谐美好的幸福社会，选择创建幸福企业是一个很好的突破口和发展方向。

第三节 一个新的"资本观"

探讨企业存在的目的，绕不开资本这个概念。资本可以是邪恶的化身，也可以是造福社会的工具，关键要看个人、企业和社会如何驾驭资本。

资本是一种财富，但它自身并不会思考，也没有价值取向和善恶之分。驱动资本运动的是人，拥有不同价值观的人，会赋予资本不同的禀性。也就是说，资本没有主义，也没有必然的运动路径，它的运动方式有着广泛的多样性和可选择性，是人的欲望和意志的体现。

资本是经济学的核心概念之一。科学社会主义的奠基人、杰出的经济学家卡尔·马克思的《资本论》是对人类影响巨大的著作，《资本论》的出现转变了人类近现代史的走向，使社会主义登上了历史舞台，全球形成了资本主义与社会主义两大阵营，并在近一个世纪的时间里进行着激烈的对抗和搏杀。

《资本论》中最核心的观点就是剩余价值理论。马克思认为，剩余

第三章
从幸福企业到幸福人生、幸福中国

价值是由工人创造的，然后又被资本家无偿拿走了。自然而然地，马克思就推导出资本家剥削和压迫工人的结论，这就从理论上推导出了资产阶级与无产阶级的对抗，而无产阶级为了实现自己的利益，就必须对资产阶级进行无情的革命。马克思有句名言说："资本来到世间，从头到脚，每个毛孔都滴着血和肮脏的东西。"

然而，马克思关于资本的学说并没有占据绝对的统治地位，与马克思的观点不同，还有许多对资本热情赞美的声音。比如，与马克思同时代的《纽约先驱报》创办人詹姆士·戈登·贝内特认为，人们已经不再试图用剑来统治天下了，而是用金钱。金钱这一武器同样锋利无比，同样可以进行权力的独裁。

2010年，热播的电视纪录片《公司的力量》，对资本也进行了偷换概念式的正面评述。该片第10集解说道："公司向往每一个市场，奔赴每一个市场，连接每一个市场。……近几十年来，它以前所未有的姿态和一如既往的力量，穿越民族国家的疆域边界，扫除建立世界市场的障碍。今天，当我们从公司的角度来观察世界时，全球版图可以用另外的线条来勾勒，国与国的竞争、人与人的关系都可以重新定义。"为什么说偷换概念？因为公司是躯壳，它承载的是人的意志。

我认为，资本及其组织方式——企业，在本质上都不具备"主观能动性"，资本及企业的发展方式及最终结果，都是人的欲望所决定的。因此，企业存在的根本目的，就是人的目的，企业是人的目的的表达。

我同时认为，人在本质上并不只是追求物质利益的，而是追求包括物质利益在内的各类利益及自我发展，这只能用一个词来概括，那

建 幸福企业

就是追求幸福。追求幸福不仅是个人的需要，还会从个人的需要演变为企业的需要，进而演化为社会的普遍需要。从幸福企业到幸福人生，乃至幸福社会，这是一个必然的景象。

让我们从幸福企业开始吧！

第四章　部分优秀企业的幸福哲学

新东方存在的目的是什么？

是为了挣钱吗？肯定不是！挣钱应该是选择了正确方向后的一种自然结果。就像一个人拥有理想、努力学习，成功和成就是必然的回报一样。成功和成就是水面上的睡莲，而最重要的是水面下的根系。我们如果不在水下种睡莲的根，就不可能有水面上的花。

——新东方创办人　俞敏洪

第一节　海底捞——以家甲天下

海底捞，这家著名的餐饮企业，虽然从经营规模等方面来看，尚不是一家非常庞大的企业，但其经营管理方面的艺术和成就，却非常值得人们关注和借鉴。

有一篇关于海底捞的文章开篇赞扬道："有一家餐饮企业，人们未见其面，先闻大名。未进其店，先得排队。有一家餐饮企业，吸引200名拥有肯德基和必胜客两大品牌的百胜中国的区域经理前来参观取经，他们的目的是'参观和学习，提升管理水平'。有一家餐饮企业，它的老板被德鲁克高层管理论坛、联想集团年会等邀请前去演讲。有一家餐饮企业，使 IDG、国金证券、老虎基金等著名投资公司闻风而至，它的老板却将他们拒之门外……这家企业就是来自四川简阳的海底捞。"

这篇对海底捞充满赞誉的文章并不过分。在我看来，海底捞可以被视为创建幸福企业的一个重要范本。海底捞之所以会取得成功，就是因为它本质上秉承了创办幸福企业的基本宗旨，通过为员工创造家庭的温暖和幸福，获得了"甲天下"的餐饮经营成就。

1. 海底捞的"家世界"

海底捞以贴心、周到闻名于世，甚至有人评价海底捞给予顾客的是"一种近乎宠爱的服务"。对于海底捞匠心独具的服务，很多人猜测是源于公司管理层的精心策划或接受了专业顾问公司的服务与启迪。事实上，海底捞各项深入人心的服务主要来源于员工的创意。海底捞创始人张勇说："海底捞的创意性服务在业界和顾客当中都是很出名的，其实，大多数都是员工提出来的。我们的员工都是天才！"张勇认为，人是海底捞的生意基石。

海底捞董事袁华强介绍，海底捞的许多优良服务理念都是员工的创意，因为他们离顾客最近，最了解顾客的需要。袁华强说："员工提出新建议，大家讨论后觉得可行就会去实施。"海底捞向来鼓励员工自由提出想法，在海底捞董事长办公室墙上贴着一张"金点子排行榜"，它就是海底捞特色服务思想火花的来源。每个月，由各大部长、片区

第四章 部分优秀企业的幸福哲学

经理组成的创新委员会，会对员工们提出的创意做出评判。一经评上，员工可以获得200～2000元不等的奖励，还以员工的名字为创意命名。手机袋、健康秤、防水罩……金点子排行榜上，列出了历次员工们上榜的创意。创业15年来，海底捞的员工提出了200多个特色服务项目，许多都已用在了实践中。

为什么海底捞的员工有创意，难道他们比其他餐饮企业的员工聪明吗？答案是否定的。因为根据调查，海底捞的员工与众多同行业员工在整体的文化、学历等方面并无显著的差别，海底捞也并没有特意去招聘更聪明或更有创意的员工。海底捞员工的创意只能是企业管理系统的产物。通过研究海底捞我们发现，海底捞是一家把自己办成"员工之家"的企业，它注重为员工谋福利、谋幸福，因而激发了员工的主人翁意识和主动创造、贡献的精神，从而有力地推动了企业经营管理等各项事务的创新、发展和完善。

海底捞创始人张勇说："我要让我的员工快乐地工作，因此，能为员工想的、做的，我都会努力去做。……平等的意识激发出他们更大的工作热情，让他们把海底捞当做自己的事业来做。"

张勇是这么说的，也是这么做的。在海底捞，服务员和经理一样住公寓套房。张勇说："地下室，黑暗潮湿，员工容易生病。"因此，所有海底捞的员工都住在舒适的公寓套房内，空调、洗浴设施、电视、电脑一应俱全，而且还安排专门的保洁打扫房间，员工的工作服、被罩等也全部外包给干洗店。在四川简阳，张勇建了一所私立学校，海底捞员工的子女可以免费上学。海底捞注重中华传统和道德伦理，让每个店长的父母也领工资，他们的子女在海底捞做得越好，他们拿的

工资会越多。张勇说:"他们大多数来自农村,父母都是农民,没有养老保险,我这个钱就相当于给他们的父母上保险了。如果他们不好好上班,他们的父母就拿不到这个钱,他们干不好,不用我去骂,他们的父母就会骂他们。"海底捞对员工给予了充分的尊重,努力营造出大家庭式的温暖。张勇从不把自己当老板,员工们也都喜欢亲切地称他"张大哥",员工们对店长、领班也都以"哥"、"姐"相称。

在中国底层员工普遍对待遇要求不高的背景下,海底捞如此善待员工,让员工获得了很大的满足,也获得了社会的广泛认同。有员工说:"老板处处为我们着想,我们能不好好工作吗?"还有人甚至戏说,海底捞已经进入"共产主义"。

2. 利润之上的追求

与许多企业注重以利润作为衡量员工绩效及奖罚、任用的指标不同,海底捞更注重利润之外的一些因素。创始人张勇说:"我们店长的优秀程度不跟他所管理店的利润成正比。我们评选优秀店长不看他赚了多少钱,而是看其员工的激情,看其顾客的满意度,看他后备干部的培养。哪怕他赚了很多钱,利润始终是公司最高,也很可能由于在这几个方面出了问题而被撤掉。比如不久前牡丹园的店长被撤掉了,他在我们公司的业绩很好,但就是员工激情和顾客满意度达不到要求。"

用杰出企业的标准衡量,海底捞还不够大,经营的时间也不够长,离一个杰出企业的要求还有不小的距离。由于餐饮企业进入门槛相对较低，其服务行为容易观察和模仿，海底捞能否形成持久的竞争优势和由此奠定的领先地位也需要用时间来检验。但不管怎样，作为一家充满创造性的服务型企业，海底捞为我们提供了一个鲜活的案例，对促进形成创建幸福企业的风尚，是有价值和积极意义的。

海底捞的经营实践还说明，创建幸福企业不仅不会导致企业经营能力的下降和企业竞争力的降低，反而会使企业更强大，更有活力和生命力，海底捞各店的顾客盈门及其在全国的迅速扩张就是有力的证明。

第二节 安利——让人生享有成就和快乐

作为现代直销业的鼻祖，安利将直销业的其他同行远远地甩在了后面。安利的标杆作用，及其对世界直销业的历史性与突破性贡献在业界已人所共知，而它所缔造并支撑企业岿然屹立的安利文化，更有着独特的韵味和魅力。在我们看来，这是一家以创造幸福为宗旨的成功企业。

安利公司的新掌门人德·狄维士和史蒂夫·温安洛，在阐述安利事业实质时写下了以下动人的话语：

您知道吗？我们的父辈理查·狄维士和杰·温安洛是挚友，当初他们是用一张巨大的白纸在自家厨房里来筹划安利业务计划的。从那时起，他们就已经为安利的经营奠定了一个稳固的基石，那就是创建一项容易启动、推广和成长的事业机会。

建 幸福企业

安利的事业，就是要让努力的人有一个改变命运的机会，让把握机会的人收获非凡成就。就是凭借对这份承诺的执守，多年以来，安利已经让世界各地数百万的人实现了人生的目标和理想。

……

怀揣理想的人们正在用心期待着一个改变未来的机会，我们相信，安利就是一扇可以开启目标和幸福的门，您一定可以从中汲取开拓事业的无穷力量和无限灵感！

1. 并非以利润为核心目标

2008年，时任安利大中华及东南亚地区首席市场执行官的颜志荣先生（现任大中国区行政总裁）曾介绍说："安利的创办人说过，无论发生了什么事，只要还有一个人在那个国家卖我们的产品，我们都不会退出。巴西就是一个很典型的例子——我们在那里做了这么些年，一直都没有实现赢利，我们是不赚钱的，但因为还有人在那里销售我们的产品，所以我们不退出。"

2. 以友爱浇灌的事业

安利公司非常符合本书描述的幸福企业的一些特征，比如，在事业开创及发展过程中一直不断发展的友爱精神。

"安利的发展史不仅是一家企业的创业史，也是两个充满勇气和理想的伙伴非凡的人生传奇。"要读懂安利，需要从读懂查·狄维士和杰·温安洛两位创办人50多年的友谊和伙伴关系开始。狄维士和温安洛同是荷兰后裔，少年时代的友谊和创业的激情，将两位年轻人紧紧联系在了一起。在1945年到1948年间，他们合作创办了一所飞行训练学校，除了经营包机业务，还开了一个隶属于航空业务的餐厅。1948年，他们卖掉了所有的企业，前往加勒比海各岛屿及南美洲游历了一年。回到密歇根州后，他们再度合作创立了杰理贸易公司，从事进出口业务。1949年，狄维士和温安洛加入纽崔莱营养补充食品的销售行列，成为纽崔莱营养食品公司的经销商。由于勤奋努力、合作无间，他们共同组建了一支十分成功的营销队伍。

1959年，狄维士和温安洛凭借商业经验和冒险创新精神，在自己家中的地下室创立了安利公司，从此开启了安利公司的伟大历程。在公司的发展历程中，两人始终风雨同舟、不离不弃，从未发生过大的原则性的争执。安利两位创办人的伙伴关系，从此成为安利的文化基因，渗入安利的每一个细胞。进入20世纪90年代，第二代领导人顺利接掌了安利，完整地保存了安利延续了30年的伙伴关系。正因为对"伙伴关系、诚信、个人价值、成就、个人责任、自由企业"的企业价值观的坚信与执著，如今的安利已经由一个家族作坊发展成为业务遍及90多个国家和地区的跨国企业，在向消费者提供优质产品和人性化服务的同时，也为全球近300万营销人员提供了开拓自己的事业的机会。

建 幸福企业

3. 创办人信念中的幸福因子

在安利创办人的信念中,人们很容易读到关于开创幸福人生的重要因子,其中包含自由、家庭、希望、奖励等。

自由:自由是人类最自然的一种状态,也是最有益于人们生活、工作、不断成长、赢取成功的一种环境。它赋予我们机会去创建一种有意义、有目标的生活。安利推崇选择的自由,鼓励人们以各自的方式达到经济上的目标,并致力于帮助人们拓展更广阔的自由。

家庭:家庭是社会最基本的单位,给我们带来爱、关怀和传统。家庭帮助我们树立坚定的价值观,为我们的成长打下基础,赋予我们自强不息的力量。安利事业向来尊重和支持家庭,从安利政策委员会的组成,以及很多营销人员与家庭成员共同参与安利事业的情况,就可以发现这一点。

希望:希望赋予我们力量,使我们能够改变命运,迈向更加美好人生。希望是一种推动力,促使我们憧憬未来,设立目标,取得伟大的成就。我们也可以给他人带来希望,为别人开启通往理想的大门。安利事业之所以在世界各地广受欢迎,就是因为它能带来希望。

奖励:奖励包含了施与受,不论是作为施者还是受者,奖励都有助于他们的成长。奖励的方式有很多种,最基本的一种,就是对个人的尊重和爱护。奖励可以是对承担责任者的嘉许,对个人贡献的重视或是对付出努力的报酬。奖励总结了前一个行动的成果,也促进新行动的开始，因此，奖励有助于提高生产力。奖励是安利事业不可或缺的一部分，因为在安利世界里，人们互勉互励，共同成长，开拓事业与人生。

4. 通过培训发展人

直销人员是安利员工的主要组成部分，这部分人来自社会各个阶层，他们原来可能是小型企业主、医生、工程师、老师、工人、无业人员等。但其中的绝大部分，还是来自社会底层，他们中的多数人没有受过系统的教育，不仅在才能上有所欠缺，甚至在道德情操上也可能很多不足。安利要把构成复杂的直销人员塑造成一支优秀的员工队伍，其主要的方式就是培训。

安利直销人员的培训甚至可以将目不识丁的人塑造成为优秀的经理。安利大中华区副总裁刘明雄在培训直销人员的过程中遇见一件奇怪的事：一名直销人员在培训考场上哭了起来。原来，这个经理级的员工居然不识字，面对试卷一筹莫展。后来，刘明雄选择为她单独进行口试而非笔试。

这位经理来自江苏江阴，年轻时嫁到邻近的村子，有了三个孩子之后，老公离开了家庭。这样一个不识字的女人，养着三个孩子和她的婆婆，曾经捡过废品、卖过车票、干过不少职业。有人介绍她进入安利后，她从安利的一线直销人员做起，虽然不识字，但是在培训过程中表现不错。刘明伟说："她以前从来没有离开过江阴一步，人生唯

一的梦想是让她的三个孩子认识字。你跟她讲行销、讲品牌建设她不懂，但是她讲得出来道理和原因。后来她跟我们到海外旅游，她说以前从没有离开过江阴，从没有想过会出国，更没有想过自己的孩子会读大学，但是现在靠她在安利工作挣来的钱，她的孩子在读大学。"

安利直销人员培训的目的：一是培植安利的文化理念，让员工确立起与公司共同发展的心理认同；二是让员工掌握必要的产品知识和行销技巧；三是通过培训，灌输诚信行销的原则，防止员工的过度营销及其他损害公司形象和破坏公司价值观、原则的行为。

为了保证培训的实施及效果，安利在上海成立了培训中心。至2010年底，安利开设了300多门培训课程，拥有内外部讲师近500名，截至2010年，共有447名合格直销培训员。培训内容包括必修项目、选修项目和进修项目。其主要目的是培养学员的基础能力（例如产品销售、法律法规、顾客服务和职业素养等），专业能力（例如个人管理、市场开拓和团队合作等），以及领导才能。

作为一家杰出的企业，美国安利公司在全世界的蓬勃发展和所取得的商业成就，并不主要源于自身特别创新的技术和产品，而是更多地来源于其人文精神，这是一个典型的靠激发人们谋求幸福而产生行动力和生产力的代表。在中国这块土地上，由于受到社会道德风尚等方面的不良因素的影响，安利中国公司在各项实际事务中是否能够严格秉承安利总部的精神，尚不能完全确认，并且我们也注意到社会上一些对安利的负面评论。本书认为，数十年来中国社会总体道德水准急速地大幅度下降，对各行各业都造成了显著的影响。道德水平对安利这样的直销公司，显得尤为重要，社会总体道德水平的下降，一定会对安利的经营及社会形象带来不良影响。本书选择安利作为一个正面的案例,并不是因为它的经营十分完善,而是因为它是一家有着深厚文化底蕴,以幸福为追求的公司。

第三节 福特——因创造、分享而伟大

以幸福企业的理论进行观察,现在的美国福特也许不是一个真正的幸福企业,然而在福特公司第一代创业家亨利·福特早期辉煌的事业时代,他确实创造了一个伟大而幸福的企业。1999年,亨利·福特因其杰出的商业实践和商业价值观,被美国《财富》杂志评为20世纪"最伟大的企业家",以表彰他为人类工业所作的贡献。

伟大的企业家能够为许多人承担责任,他们的价值观念促使自己为更多的人创造价值。

亨利·福特以"汽车大王"的称号闻名于世,也因其创造了大规模生产流水线而成为现代工业的开创者之一。真正使得福特崛起的当属他对产业的信念,一种推动产业进步的理想和对利益的分享哲学,成就了一次"开创世界工业史上从来没有过的在工人报酬方面的最伟大的革命"。

福特先生商业哲学的宗旨是:"薄利多销总会比少买多赚好得多,这能够使更多的人找到工作。"

1908年福特汽车公司生产出世界上第一辆属于普通百姓的汽车——T型车,很快就令千百万美国人着迷。1909年至1914年间,

美国汽车市场的需求极为旺盛，而福特还生产不出那么多汽车，这时如果保持价格不变或采取涨价策略都是轻而易举的事。许多人都劝福特乘机捞一把，但福特大发雷霆，他认为对消费者的许诺才是第一位的，他绝不能让消费者失望。这期间，福特汽车不但没有涨价，反而随着生产规模的扩大和成本的降低，价格下降了一半多。福特甚至没有保留每辆车的利润额，而是不断地向消费者让利，每部车的利润由1909年的220美元降为1914年的99美元，而净收入却由1909年的300万美元上升为1914年的2500万美元，福特汽车在美国的市场份额由1909年的9.4%上升到1914年的48%。

在向消费者让利的同时，福特没有忘记让他的员工分享成功。1914年1月5日，福特代表董事会宣布，公司将"开创世界工业史上从来没有过的在工人报酬方面的最伟大的革命"。公司把两班制改为三班制，每天的最低工资提高为5美元。凡年满22岁的工人都将享受到"公司利润中的这一份"，而公司90%的工人将符合此条件，如果22岁以下的工人有眷属需要抚养也可享受此待遇。5美元工资比原来的工资增加了一倍，而且是福特自己主动提出的。

福特的工资计划不但使福特的员工受益，还直接刺激了美国工资的增长和经济增长。美国的平均工资在1865—1923的近60年间大约每30年增长一倍，而在1923—1929的7年间就增长了一倍，同时劳动时间大大减少，工人队伍大大扩展。在20世纪20年代构成强大的购买力和生产力，使美国成长为世界最大的市场，刺激美国形成了世界最多的创新以及实现了最快的经济成长。

福特的利益分享还创造了一个崭新的社会和社会价值。福特的生

第四章
部分优秀企业的幸福哲学

产方式不但推动了产业社会的飞速发展，同时由于他提高了工人的工资，增强了社会的购买力，从而带动了整个社会的经济发展。工人由于摆脱贫困而接受更多更好的教育，促使社会文明也加速进步。

回顾福特汽车发展的这段历史，可以看到，一种创造价值及和谐的利益分享观念是如何发挥积极作用的。福特的高速发展表明，在整个市场之中，消费者和生产者是统一的。企业通过创新可同时降低价格和提高工资，从而使消费者、员工、股东乃至整个社会都获益。这种正向的积极形态一旦被触发，就能大大扩展市场的容量，而扩大的市场又开始提供更大的激励来推动各种各样的创新，使人类社会共同走向繁荣。

福特并不是一味追求个人利益的商人，而是一个务实的具有理想主义色彩的商业英雄，他的思想和价值观念富有远见，代表着美国精神。正如著名历史学家艾伦·钮文斯所评价的那样："福特公司在1911年时还没有什么劳工政策。但在3年以后提出了全世界最先进的劳工政策。全世界的工人，从悉尼到曼谷，从纽约到哥本哈根，都把这当做他们的希望和寄托。它在这一方面的声誉也带来了其他方面的成功。全世界的消费者都竞相购买福特T型车；全世界的工厂都想学福特的大规模生产技术；全世界的经济学家和社会学家都对大众高工资政策深表兴趣。福特汽车公司不仅仅是一家成功的制造商，还成了企业迅速发展的一个奇迹，成了改变世界力量中的一个最佳榜样。"

建幸福企业

第四节 新东方——创造希望

在因落后、保守、机械式的压榨而被人们大量诟病的中国教育界，新东方教育集团的成功显得尤其光彩夺目。新东方的成功是中国人规模化地走出国门这一历史机遇造就的，但在千百万个同类教育机构中，新东方的成功又必须有其自身优良的基因和成功的逻辑。

新东方的成功，是人文思想的成功，它诠释了理想的巨大作用以及人们自强不息的伟大精神力量。让我们从解读新东方存在的目的开始。

新东方创办人俞敏洪最近写的一篇文章《新东方存在的目的是为了什么》，给了我们一些答案。他在文章中写道：

新东方存在的目的是什么？

是为了挣钱吗？肯定不是！挣钱应该是正确方向后的一种自然结果。就像一个人拥有理想，努力学习，成功和成就是必然的回报一样。成功和成就是水面上的睡莲，最重要的是水面下的根系；我们如果不在水下种睡莲的根，就不可能有水面上的花。

是为了股东吗？肯定不是！上市公司的股东大部分都像眼中只有钱没有爱情的女人，谁能给她更多的钱她就跟谁走，既不会有忠贞也不会有感情，你为她赚钱了她秋波乱送，你损失了钱她就暴跳如雷。我们不值得为这样的人卖命。

第四章
部分优秀企业的幸福哲学

……

那么新东方存在的目的是为了什么？

是为了让千千万万的中国青少年有理想、有追求、有崇高的生命目标和对未来的无穷期待，不管遇到什么挫折，生命都能够勇往直前！

……

是为了我们自己的灵魂，我们创造新东方，不是来亵渎灵魂，而是来救赎灵魂的。面对那些天真纯洁的孩子，面对他们渴望阳光的眼睛，我们能够让自己变得更纯粹，更大气，更充满爱心和善良。新东方不乏聪明人，聪明也许是与生俱来的，但爱心和善良是后天培养的，所以与其说是我们在帮助孩子们，还不如说是孩子们在帮助我们，帮助我们获得善良和爱心，帮助我们获得高尚，获得一种人格的健全和人格的高贵。

也许，在俞敏洪的文章中有一些自我讴歌的成分，甚至不排除为了塑造新东方品牌和拉拢学员的成分。但长时间以来，新东方一直是我心目中的企业典范和榜样，为中国教育确立了一个价值的标杆。它在教育领域的商业成就，尤其是其社会价值，在目前看来还没有被其他的私营教育超越，暂时也还没有看到与之比肩的同行。

新东方的成功在一定意义上是人文的成功，尤其是创造希望与确立信念的成功。被视为"新东方精神"的新东方口号："从绝望中寻找希望，人生终将辉煌！"是一个帮助人们建立希望与信念的生动语言。俞敏洪说："新东方精神就是这么一小块砖头，使得每一个学生，在他奋斗最艰难的时候，最疲惫的时候，我们给他垫上一块砖头，他不至于在一跳的时候掉到沟里去。我们就是这块砖头，这块垫脚石，让他们可以顺利地跨过这个沟坎。"

新东方的成功,首先是哲学意义和人生意义上的成功,而不是教育技术意义上的。虽然新东方在出国培训的效果方面也是一流的,但真正让新东方区别于同行的,还是它在哲学上的认识。俞敏洪说:"新东方的老一代人,我和我那些同学们,都是以讲文学、哲学态度来搞新东方的。"

新东方有一个不成文的规矩,除非不可抗的因素,否则老师不得随意停课。多年前,新东方还在创业初期,俞敏洪一次在北大附中的阶梯教室上 GRE 词汇课,突然间,停电了。他让人买来了蜡烛,烛光闪烁,星星点点,照亮了讲台下学员们的脸庞。在百余支蜡烛的光芒照耀下,俞敏洪完成了那天两个小时的教学。他难以掩饰内心的激动:"我当时的感觉太神圣了!那种神圣的庄严感,无法用语言来形容。"

曾有人对俞敏洪说:"我们觉得你是一个通过销售希望来赢得成功的人。"俞敏洪说:"确实是这样。或许也可以说是通过销售希望来增加个人生活希望的人。我觉得来上课的人,很多是受过伤害、受过挫折的,或者是他们虽然觉得自己过去还不错,但是还追求更高梦想的人。新东方培训是让失败的人成功,让成功的人更成功。"

第五节 阳光保险——用关爱创造幸福

"国民之魂,文以化之;国家之神,文以铸之。"

文化既是人们的精神生活内容,又是物质文明发展的内在动力。然而,文化是一个范畴很大的概念,什么样的文化才是一个组织发展

第四章
部分优秀企业的幸福哲学

壮大的真正内在动力，才能成为奠定组织成员幸福人生的基础呢？对于这个问题，阳光保险集团（以下简称阳光保险）给了我们一些有益的启示。

我接触过许多杰出的公司，而在这些杰出的公司中，阳光保险又是非常独特的。2005年，当阳光保险刚刚开始筹办的时候，就着手开展系统性的企业文化建设，这种做法在国内外都是罕见的。而我有幸参加并见证了这个新生企业通过文化的力量迅速扩张的进程。

2005年8月，是我与张维功董事长探讨阳光文化理念最多的时候。那时的阳光保险百业待举，而张董事长却似乎对企业文化情有独钟，有时为了一个重要的文化理念，彻夜开会到天明。我印象最深的，是张董事长提出的"高起点构建，远战略发展"的公司创建和发展理念，以及在无数次的探讨后，确立的"共同成长"、"诚信、关爱"等阳光保险基本信条。

经历6年的发展后，现在回过头来看阳光保险成立之初的战略思想及文化构建，确实是高瞻远瞩的，公司取得的成就本身是最好的证明。在我直接深入接触的企业中，阳光保险带给我不少惊喜：它在哲学意义上的追求与我所倡导的"创建幸福企业"不谋而合；它在短短的6年时间里就从众多新兴保险公司中脱颖而出，挤身国内七大保险集团之一；因为经营的成功以及文化富有特色，公司与张维功董事长在社会上获得了巨大的声誉和荣誉；更为重要的是，阳光保险为公司内外部人员创造了实实在在的"幸福感"。限于篇幅，这里仅就阳光文化的核心要素之一"关爱"作一些分析。

2010年12月16日，阳光保险福建分公司的业务员王进走进了央

视的"阳光保险·我要上春晚"节目的演播室。由于他工作成绩优异，作为一种特别的鼓励方式，阳光保险安排他和另外49名同事走进央视"阳光保险·我要上春晚"节目现场。他激动地对媒体记者说："我很自豪。我不仅在阳光保险成就了自己的事业，而且能够因为阳光保险影响力扩大而获得这种特殊方式的鼓励，我很幸福。"

阳光保险的关爱文化，按照关爱的对象划分为三个方面：对员工的关爱，对客户的关爱，以及对社会的关爱。

1. 对员工的关爱：关注员工的成长、薪酬及家庭

自身能力的成长和事业的发展是员工的核心价值。阳光保险用实际行动重视员工的成长和事业发展：制订了"多通道人才规划"的员工成长方案，打开员工职业通道，建设内部竞聘机制；制订"员工培训与成长规划"等工作计划，举办"阳光大讲堂"系列讲座；向员工传授最新知识，帮助广大员工提升业务技能、增强创新理念，从而实现综合素质的提升，成为本领域的专家。为了有效评估公司关爱文化的效果，阳光保险还先后出台实施"员工满意度测评"、"员工幸福指数"、"基业长青方案"等政策。公司领导采取"沉下去，请上来"的方式，通过定期开展"销售精英座谈会"、"客服之星"、"市场热点面对面"、"阳光关怀"等形式多样的工作调研和指导，拓宽上下沟通渠道，了解员工心声，体验、指导一线工作，解决实际问题。

薪酬福利和家庭生活是员工是否幸福的重要指标。阳光保险为员工制订了独特的关爱计划，包括有竞争力的薪酬福利、商业补充保险

和各类带薪假期。公司出台"员工年休假制度",加强对员工休假情况的监控,确保员工100%享受年休假;定期组织员工体检,确保员工健康;阳光保险不仅给员工过生日,还给员工的父母过生日,那些家在异地、父母超过60岁的员工的父母大寿,公司都会给员工放两天假,让员工带着公司准备的生日礼金回家看望老人;公司领导轮流前往一线窗口进行慰问,帮助解决一线员工的工作和生活困难;定期组织鹊桥,会为单身员工牵线搭桥;开展以"分享健康快乐,品味和谐亲情"为主题的阳光关怀系列沟通活动,使企业、员工和员工家庭三方之间实现了无障碍的有效沟通。以上种种关爱行动提高了员工家人的信任感和满意度,增强了员工的认同感,提升了企业的凝聚力。阳光保险的关爱计划已经融入常态化管理,形成了关爱管理长效机制,确保了关爱文化的长效化。

为充分体现对员工及其家人的关爱,公司为符合条件的员工父母发放每月200元的赡养津贴,此举开国内金融保险业先河。"全国五一劳动奖章"获得者、阳光某股东获悉此事后深有感触,并表示完全赞同阳光保险的行为,他开玩笑地说:"比我150元的五一劳动奖章津贴还要高。"

阳光保险对员工及其家庭的真诚关爱获得了热烈的回应。天津分公司员工崔志勇的老母亲78岁的霍女士亲笔写来感谢信:"接到慰问金,心里感到热乎乎的,退休二十几年,自己工作了一辈子的单位也没发过几次慰问金。这200元钱不仅减轻了我的生活负担,还体现了一个公司对社会的责任和尊老爱老的态度,公司领导带领员工做到了

忠孝两全，十分不易。"深圳分公司员工赵琳的父母在来信中说："衷心感谢贵公司在百忙之中还想念着我们。赵琳能在这样优秀的公司工作，我们很高兴，我们会大力支持她的工作，为她解除后顾之忧，让她能全身心地投入到工作中去。贵公司的这一举措温暖了阳光团队每个员工的心。阳光保险一定能因此具有强大的生命力、战斗力，成为具有高尚品质和强大实力的公司！"

2. 对客户的关爱：视客户为衣食父母

"客户是衣食父母，没有客户便没有一切。"阳光保险所有的经营管理活动都以客户为中心，为客户而创新，为客户而改善。关爱文化的建设紧紧围绕着客户展开，让客户满意是公司运营追求的目标，是衡量公司运营质量的标准，也是改进公司运营系统的根本依据。

阳光保险主动适应新需求、新竞争、新环境，以创新的思维、高效的流程，去推广更具吸引力的产品、提供更加优质的服务，及时、充分、持续地满足用户多样化、个性化的需求，以"专家"的精神开创品质卓越的保险服务。比如，从2010年开始，阳光保险每年举行长达三个月的"客户服务节"，全面推进"WE CARE"服务理念，做出"七项服务承诺"，推出"首问负责制"，开展"爱心1+1"、"关爱留守儿童"、亲子讲座等活动，为客户提供心到心的增值服务。阳光保险收集并上报1166条"服务与支撑改进金点子"，公司全员参与收集上报21200条网络服务信息，推动了公司网络服务质量的提升。

3. 对社会的关爱：不拘一格献心、献策、献财

阳光保险的关爱不只局限于公司内部。6年来，公司累计向社会各界捐款 2381 万元，已在四川、湖南、贵州、山东、福建、西藏等地捐建 15 所阳光博爱学校。公司成立了全国性的"青年志愿者协会"组织，目前全系统内志愿者人数超过 5000 人。这些志愿者在全国各地积极组织开展爱心支教、捐资助学、社区服务、环保宣传和义务献血等多种形式的志愿服务活动。

"得人心者得天下"、"幸福乃人心之所向"。6年前，当我与阳光保险董事长张维功先生探讨"阳光之道"的时候，并没有预测到阳光保险现在能有这样的成就。通过探讨阳光保险的成功经验，挖掘阳光保险高速发展背后的精神实质，我认为，阳光保险是一个杰出的"创建幸福企业"的实践者。

"爱人者，人恒爱之；敬人者，人恒敬之；助人者，人恒助之。"在阳光保险，关爱是一种质朴的高尚情操，一种潜在的伟大力量，一个创造价值并最终创造幸福的关键要素。

第六节　杰出企业的追求往往超越了功利

研究世界上杰出的企业，就会有一种感觉，那就是杰出而长青的世界级企业都有一套伟大的理念。它们的理念并不是刻意追求短期的

建幸福企业

利润目标，而是将自身的发展建立在为客户，为员工，为社会，甚至为人类发展的崇高目标之中。

如果我们放开视野，观察包括企业在内的社会各类组织，便不难发现，能够长期存续的组织往往是非营利的。如学校、基金会，而最为长寿的组织，通常是纯精神性的，如教会。相比较基督教、佛教等宗教组织的存在，当代的众多企业，甚至包括绝大多数杰出企业，都显得非常年轻。

这种现象给我们一个启示，那就是，基业长青的杰出公司与教会这样的注重精神价值取向的组织有更多的相似之处，这种相似，就是更注重人的精神世界的发展，注重物质之外的人生意义。

与微软公司同期比肩而立，且当前风头正劲的美国苹果公司，是一家深受人们喜爱的公司，其创办人史蒂夫·乔布斯在谈及企业哲学时就说："工作将是生活中的一大部分，让自己真正满意的唯一办法，是做自己认为有意义的工作。做有意义的工作的唯一办法，是热爱自己的工作。你们如果还没有发现自己喜欢什么，那就不断地去寻找，不要急于作出决定。就像一切要凭着感觉去做的事情一样，一旦找到了自己喜欢的事，感觉就会告诉你。就像任何一种美妙的东西，历久弥新。所以说，要不断地寻找，直到找到自己喜欢的东西。不要半途而废。"乔布斯鼓励人们追求的是一种人生意义，一种乐趣，一种成就，用我们的话说，就是一种幸福。

日本索尼公司将自己的愿景陈述为："为包括我们的股东、顾客、员工乃至商业伙伴在内的所有人提供创造和实现他们美好梦想的机会。"

第四章
部分优秀企业的幸福哲学

在中国众多知名企业中,同仁堂虽然不是最具赢利能力的企业,但自 1669 年创办至今,300 多年过去了,同仁堂为中华民众健康生活所作的巨大贡献,是很少有企业可以相比的。而能够在世事多变甚至战火纷飞的近现代中国,屹立数百年而不倒,同仁堂必有其大精髓。

研究同仁堂的企业哲学,有两点发现:

第一,同仁堂是中国传统哲学,尤其是传统中医文化生命力的见证。同仁堂是祖国传统中医药文化的继承者。中医药理论是祖国传统中医药文化的精髓,它吸收了中国古典哲学和儒家、道家思想的精华,特别强调"天人合一,辨证论治"的理念。同仁堂自创立伊始,就是在中医理论指导下生产和使用中药,收集并研制有效方剂,在实践中不断创新与提高。至清末,同仁堂有文字记载的中成药已多达五百种,以医带药的模式传承至今。一项事业的发展,必得其本源,同仁堂立业的本源就是中国传统哲学尤其是中国传统中医文化。

第二,不以利润为目标,而是以造福于人为目标。同仁堂"炮制虽繁,必不敢省人工;品味虽贵,必不敢减物力","可以养生,可以济人者唯医药为最"的价值取向,"以义取利,义利共生"的行为理念,均反映了它超越功利的价值立场。

美国著名信息技术公司 IBM 创办于 1911 年,至今刚好 100 年,是目前世界上最大的信息技术公司和解决方案提供商。IBM 不仅商业成就骄人,而且一直受到世界的尊敬,其受人尊敬的原因之一是能够在近百年的历史进程中,多次领导产业革命,制定多项标准,并努力帮助客户成功。更为重要的是,IBM 在其百年历史中,一直坚持遵守三条"沃森哲学":必须尊重个人;必须尽可能给予顾客最好的服务;

必须追求优异的工作表现。

老沃森之后的 IBM 原董事长小托马斯·沃森，继承了其父的经营哲学，并强调："首先，我坚定地相信，任何一个企业为了生存和获取成功，必须拥有一套牢固的信念，作为制定政策和采取行动的前提。其次，我相信决定公司成功的一个最重要的因素，是忠诚地遵守那些信念。最后，我相信一个企业如果想对付变化中的世界的挑战，它就必须准备改变自己的一切，但它的信念在整个公司的生命中是固定不变的。换言之，一个企业组织的基本哲理、精神和干劲对于企业成功所产生的作用，比技术、经济资源、组织机构、革新和时机的选择要大。所有后面这些因素对于企业的成功固然具有重要意义，但我认为，更重要的则是企业组织中的人们是否有一个牢固的基本信念，以及是否能够忠实地去实现它。"

类似 IBM、苹果、同仁堂这些杰出企业的例子还有很多，它们的共同特点是在企业存在目的这一哲学命题上，都给出了超越单纯功利的价值指向。可以说，对功利的超越，是通达幸福企业的基本前提。

第二篇
如何创建幸福企业

> 创造,或者酝酿未来的创造。这是一种必要性:幸福只能存在于这种必要性得到满足的时候。
>
> ——罗曼·罗兰

第五章　幸福企业的五项人本要旨

工作将是生活中的一大部分，让自己真正满意的唯一办法，是做自己认为有意义的工作。做有意义的工作的唯一办法，是热爱自己的工作。

——苹果公司创办人　史蒂夫·乔布斯

企业管理，从对象上看，分为人、物、资金、信息等，而对除了人以外的其他对象的管理最终也是要通过人来实现。因此，从根本上说，企业管理就是对人的管理。人在企业中处于主体地位，这就必然决定了管理是要以人为本的。

什么是以人为本？我认为，以人为本包含以下5项关键的内容：

◆ 尊重人的天性；

◆ 真诚地爱人；

◆ 实现员工合理的财富价值；

◆ 为员工的成长提供方法、平台和空间；

◆ 使员工富有成就。

第一节 尊重人的天性

以人为本首先是要尊重人。要尊重人，就要先尊重人性，而尊重人性本来就是中国古代文明的精神。

有人认为中国传统哲学是缺乏人性的，其实不然。春秋战国时期，诸侯争霸，中国的学术界百花齐放，百家争鸣，那段历史也成了中华文明最光辉灿烂的时期，那个时候形成的中国儒家文化本来是十分先进的、符合人性的。只是到了后来，尤其是在宋明理学时期，"存天理，灭人性"的理学思想把春秋时代硕果仅存的儒家思想的人本精神阉割了，使后来的儒家思想失去了原本的面貌。

儒家思想是重视人性的。孔子创立了儒家思想，他老人家是非常尊重人性的。

《诗经》是由孔子编辑的中国第一部诗歌总集。热情讴歌爱情的伟大诗篇《关雎》又是《诗经》300多首诗歌的第一篇。中国人一直是讲究秩序和次序的，赞美爱情的《关雎》被列为中国第一部诗歌总集的第一首，那它的地位自然是非常突出的。

《关雎》是首美妙的爱情诗歌，充满了对爱情的赞美。其诗开头："关关雎鸠，在河之洲。窈窕淑女，君子好逑。"不难推断，在孔子看来，男欢女爱，是符合人性的正当行为，也是人伦的基础。

儒家思想中关于教育理论探讨的著作是《中庸》，它也是中国古代

第五章
幸福企业的五项人本要旨

学术经典之一。《中庸》开篇说:"天命之谓性,率性谓之道,修道谓之教。道也者,不可须臾离也,可离非道也。"意思是说,天命在人身上体现的就是人性,顺应人性就是道。

本书倡导的"尊重人的天性",就是承认人性的复杂性,认同人的趋利避害的基本立场,根据人的天性,发挥人的积极性、创造性。管理的要旨是引导人们发挥人性中善的力量,而不是要求人们拥有纯粹的善和崇高的道德情操。

比如:有的员工因生活困难,把钱看得很重,企业对他最好的激励就是在工资、福利和奖金等方面下工夫;某人有很强的权力欲望,那就尽可能给他规划一条沿着管理岗位不断上升的道路,以利于他的成长;对于已经有了一定成就感的高级职业经理人,他们渴望的可能是更多的尊重,对决策的更多参与,以及未来长期的利益回报,那就需要股权、期权等方面的制度性安排,让他有一种受到充分尊重和成为"主人"的感觉。如果有人希望多挣钱,就认为人家是贪婪,想当官就认为人家心术不正,那整个的管理工作就可能会背离人性的轨道,是得不到好效果的。

杰出的企业,都是尊重人性,顺应人性进行引导的。比如微软,它是一个靠创造力发展的公司,非常注重提供能发挥人们创造力的环境。微软总部位于美国西雅图近郊 Redmond,这是一个风光旖旎的地方,而微软的每一个员工都独享一片令其他公司员工艳羡的自由领域,同时,充满自由、彰显个性的微软的自主管理更让人神往。微软是一个靠创造力成功的典范,微软创造的自由、自主和令人愉悦的工作环境最大限度地提高了员工的创造能力。

尊重人的天性，还意味着要承认人性的不完美，因而要宽容、包容。

美国《探询者》杂志邀请了一位年轻性感的女演员做了一次有趣的试验：由这名叫萨·莉马林斯的22岁姑娘独自扮演5种不同的角色，在同一地点手举"停车"牌等候救援，以验证何种"色相"对男人更具有吸引力。

第一次，她装扮成一位职业女性。在1.5分钟内有62辆汽车通过，但只有1辆车停下来愿向她提供帮助。

第二次，她装扮成孕妇。2.5分钟内驶过100多辆车，却没有一辆车停下来。

第三次，她装扮成了一个上了年岁的老太太。5分钟内有200多辆汽车驶过，只有1辆车停下来。

第四次，她戴上彩色假发，穿着大花衬衫，一副嬉皮士打扮。想不到15分钟内驶过了353辆轿车、摩托车、货车，竟没有一辆停下来，甚至连车速都没减。

第五次，她换上了一条性感的超短裙，裸露着漂亮的大美腿，唇含微笑地站在路边，扭着那浑圆的小屁股！不到30秒钟，路过的第1辆车就在她面前主动地停了下来。

通过上面的故事，不难观察到人性中的一些天然成分：对麻烦的规避（孕妇就没人理）、男人的好色等等。

在中国的民营企业中，论成就及创造力，华为首屈一指，这个公司经常以管理严格著称，过去的若干年中，华为曾以"狼性文化"名扬天下。但就是这么一个讲究纪律，似乎铁面无私的组织，也非常讲究包容，通过包容人性的缺点，获得人心的聚合，力量的凝结。

第五章
幸福企业的五项人本要旨

华为是一家高科技公司,"技术立企"是一个重要的指导思想,核心技术人员在华为地位特殊,举足轻重。在华为发展的历史上,有无数杰出的技术人才,李一男差不多就是技术天才了,但天才人物又往往是桀骜不驯,难以驾驭的。

自20世纪90年代开始,华为的各类骨干就有离职创业的传统,高管尤其如此,李一男也是其中之一。

李一男是有点传奇色彩的技术人才,他毕业于华中科技大学少年班,工作两天就升任华为工程师,半个月升任主任工程师,半年升任中央研究部副总经理,两年被提拔为华为公司总工程师兼中央研究部总裁,27岁坐上了华为公司的副总裁宝座。

2000年,李一男领了华为最后一笔1000万元的分红后,便北上创业,并选择了与华为有直接竞争的业务领域。李一男创业以后,通过不正当手段与华为竞争,不仅严重冲击了华为的业务,更重要的是,李一男带走了许多华为的技术骨干,削弱了华为的技术实力。同时,李一男创业并与华为直接竞争,给华为的员工树立了不好的榜样,使华为内外交困,面临分崩离析的重大危机。

为了挽救华为,任正非做了一项重要的选择,就是要尽一切力量在竞争中彻底击溃李一男。经过努力,至2006年,任正非基本达到了目的。

但击溃李一男不是任正非的最终目的,他的最终目的是加强华为对核心员工的吸引力、凝聚力,维持华为帝国的统一与强大。后来,任正非又做出了重要的决定,以较高代价收购了已经被击垮的李一男创办的港湾公司,为任李之争画上了句号。

建 幸福企业

任正非在《华为收购港湾时的谈话纪要》中的文字十分耐人寻味，由于全文较长，此处仅节选部分段落。

我代表华为与你们第二次握手了，首先这次我是受董事长委托而来的，是真诚欢迎你们回来的，如果我们都是真诚地对待这次握手，未来是能合作起来做大一些事情的。不要看眼前，不要背负太多沉重的过去，要看未来、看发展。

在历史的长河中有点矛盾、有点分歧，是可以理解的，分分合合也是历史的规律，如果把这个规律变成沉重的包袱，是不能做成大事的。患难夫妻也会有生生死死、恩恩怨怨，岂能白头呢？只要大家是真诚的，所有问题都可以解决。

非常欢迎你们加盟，不应该说你们输了，我们赢了，应该说我们是双方都赢了。如果华为容不下你们，何以容天下，何以容得下其他小公司？我们在很多方面不如小公司，小公司就是靠创意，小公司idea强，大公司平台强，平台强就是发现机会后，可以加大投资猛追。

解读上段文字，可以看到任正非以包容的心态，化敌为友，维护了华为的团结、统一与强大。华为之所以能够从平凡的技术起家，在世界电信高科技领域占有一席之地，这与任正非知人性，顺应人性，引导人性去共同创造是分不开的。

第五章
幸福企业的五项人本要旨

第二节 真诚地爱人

如果企业中的一切管理与激励行为都是虚情假意，那么是不可能创造一个幸福的企业的。幸福企业需要真爱来创造一个和谐友爱的企业世界。

爱是美德的源泉，一切道德信仰之核心；爱促进万物的生长，是各种生命得以生生不息的伟大精神。爱在企业中，是最廉价的生产力，是员工幸福的重要来源，是团队战斗力的必要支撑要素。

我们看动物世界中，麻雀父母辛勤养育一窝小麻雀，为了捕食，经常一天要飞来飞去200多次，还要用嘴将窝里小麻雀的粪便一一清理干净，为小麻雀提供良好的生活空间。而小麻雀长大后，就全飞走了。这就是动物世界的生命伦理，没有爱，不可能有生命的延续。

深切牢靠而又不依赖物质资源投入的人际关系，都要有爱的存在。爱深，则关系深；爱浅，则关系浅。

孔子说："仁者，爱人；智者，知人。"传统文化讲"仁、义、礼、智、信"，把"仁"排在首位，而"仁"的真谛是"爱"，所以，在一定意义上可以说，中华优良的传统文化，是以"爱"为核心的文化。

企业是一个协作的系统，人与人之间的协同不仅需要工作流程及制度的约束，更需要人与人之间亲密的联系和默契。

IBM倡导并在员工之间营造一种家庭气氛，不鼓励员工之间的恶

建幸福企业

性竞争。在IBM有许多娱乐俱乐部,开展各种员工娱乐活动,以便员工在轻松的气氛中,建立真诚友谊,形成亲密团队。

1. 联想集团:让爱心更有力量

联想集团是中国高技术领域的一面旗帜,之所以能从20万元起家的小公司发展成为一家国际化的大企业,原因之一就是联想带头人柳传志先生非常重视企业文化。

爱在联想文化中有着重要的地位。2000年5月,联想提出"平等、信任、欣赏、亲情"为主题的亲情文化,用柳传志的话来说,联想需要制造"湿润"的空气。亲情文化意在企业之中营造亲情的氛围,从意识上倡导,在实际中改变。为了配合亲情文化的建设,联想实行了"无'总'称谓"。从杨元庆算起,公司有200多位"总",级别也有三、四层之分。要拉近与员工的距离,就从取消称呼"总"开始。杨元庆首先带头,对员工说:"请叫我元庆。"

规范的管理通过亲情文化协调,增加了企业的向心力、凝聚力,人心齐了,企业竞争能力得到了提高。

联想在内部倡导亲情文化,在合作上也倡导爱心文化。2007年,联想发布企业社会责任战略,致力于更加全面深入地履行对价值链伙伴、环境和社会的责任。联想同时启动公益创投计划,以"让爱心更有力量"为宗旨,在全国范围内公开征集公益组织,为其提供定制化的能力建设和志愿服务支持,以及首期总计300万元的创业支持资金。联想把对价值链伙伴负责,视做自身社会责任的根基。联想规划,通过不懈的努力,力争超越客户、员工、股东、合作伙伴等价值链伙伴的期望。在环境方面,联想将在生产经营、产业链协作和环保社会参与等三个方面进行持续改善,力求将环保理念融入各项商业实践。在社会方面,联想结合自身特点,聚焦于"缩小数字鸿沟、环境保护、教育、扶贫赈灾"四大领域,并将通过"结合业务发展战略,引入创新公益机制,坚持传统慈善捐赠"三大手段持续加大社会投入。

2. 大庆精神的实质是大爱精神

爱的高级阶段是大爱,爱祖国,爱人民,爱民族,甚至爱人类,爱自然。中国工业战线的一面旗帜——大庆精神,其最根本的就是大爱精神,是爱祖国,爱人民,爱民族。在这种爱的召唤下,激发了强烈的独立自主、自力更生的艰苦创业精神,讲求科学、"三老四严"的科学求实精神,胸怀全局、为国分忧的奉献精神。

回顾大庆油田奋战的那段历史,就会对爱在组织中的重大作用有深刻的认识。

20世纪60年代初,新中国面临严峻的国内外环境,国际敌对势力妄图用石油卡住中国的脖子,三年自然灾害使中国国民经济受到严重影响,物质条件极端艰苦。地处东北的大庆油田,荒野一片,滴水成冰,职工们吃的是苞米面,住的是四壁漏风的马棚。一方面,油田地质情况复杂;另一方面,我国石油工业基础薄弱,技术力量不足。在这种情况下,外国人预言,中国根本没有能力开采出这个大油田。但以"铁人"王进喜为代表的几万名职工,经过三年半艰苦卓绝的夺

油大战，一举改变了我国石油工业落后的面貌，实现石油产品基本自给，结束了中国人依赖"洋油"的时代，促进了中国石油工业的全面发展。大庆油田之所以能够取得举世瞩目的成就，根源在于爱国主义精神所带来的巨大文化力，这种文化力最终形成了大庆持续高产、稳产的生产力。石油大会战中，几万名职工为了甩掉石油落后帽子，团结一心，不讲条件，不计报酬，不论职务高低，不分分内分外，与各种各样的困难斗。为了打井，职工们硬是把设备人拉肩扛到井场，用脸盆端来了几十吨水开了钻；为了快出油、多出油，他们日夜奋战在井场上，饿了啃几口冻窝头，困了躺在钻杆下睡一觉，仅1205钻井队在1971年完成的钻井进尺数远远超过旧中国1907年到1949年42年钻井进尺的总和，显示出爱国精神强大的战斗力和竞争力。

第三节 实现员工合理的财富价值

在人类发展的全部历史上，财富的创造、分配和占有一直处于非常核心的地位。财富为自由之基，没有财富的人缺乏社会生存的条件，没有财富的相对自由，个人其他的自由会受到制约。

历史上的革命和战争，有许多是围绕着财富的争夺而产生的。在20世纪初，引发一场声势浩大的、曾经改变半个世界面貌的国际共产主义运动的核心理论，不是别的，正是马克思的关于剩余价值分配的理论，这是一个关于财富创造、分配与占有的理论。马克思最重要著作《资本论》的核心思想是对财富的创造与分配的阐述。马克思认为，

第五章
幸福企业的五项人本要旨

资本家占有了剩余价值，剥削工人的财富。这个观点直接导致了无产阶级与资产阶级的尖锐对立，形成了全球范围的无产阶级革命，整个世界随之发生了重大的变化。

从财富的观点看，中国共产党的革命，在政治理念上与国际共产主义运动有着异曲同工之妙。中国工农革命的核心主张"打土豪，分田地"，也是一套颠扑不破的朴素真理，唤起了全国广大工农的革命意识和斗争意愿。

财富问题不仅是革命的起因，也是现代社会经济领域最为核心的问题之一。现代经济学的核心理论仍然是围绕着产权、分配与激励展开的，一切都脱离不了财富的分配。

意大利著名政治家马基雅维利在其成名之作《君主论》说道："人民可以忘记对于君主的杀父之仇，但不会忘记夺财之恨。"因为杀父之仇，许多时候并不足以影响一个人及其家庭的长期生活，但如果一个人从根本上被剥夺了财富，则他个人及其家庭甚至子孙后代都可能长期生活在艰苦环境之中。虽然马基雅维利对财富的论断或许有偏激之处，但是他对财富的重视通过这样的话语更容易让人理解与记忆。

为了实现员工合理的财富价值，在企业的制度上就要注重解决企业分配的利益协调。在为员工创造财富价值方面，中国的华为公司是一个杰出的代表，华为也是最早在国内提出并实践"知识资本化"的企业，华为在利益分配上的匠心独运，是华为公司成为中国最优秀公司的重要原因之一。

在利益分配的总体原则上，华为主张："在顾客、员工与合作者之间结成利益共同体。努力探索按生产要素分配的内部动力机制。决不

让雷锋吃亏,奉献者定当得到合理的回报。"

而在具体的价值分配原则中,《华为基本法》又特别进行了深入的阐述:"我们认为,劳动、知识、企业家和资本创造了公司的全部价值。"

《华为基本法》的这个关于产生的主张,必然使价值的分配按照价值创造的来源进行。所以《华为基本法》又继续阐明:"我们是用转化为资本的形式,使劳动、知识以及企业家的管理等贡献得到体现和报偿。利用股权的安排,形成公司的中坚力量和保持对公司的有效控制,使公司可持续成长。知识资本化与适应技术和社会变化的有活力的产权制度,是我们不断探索的方向。我们实行员工持股制度,一方面,认同华为的模范员工,结成公司与员工的利益与命运共同体。另一方面,将不断地使最有责任心与才能的人进入公司的中坚层。"

解读《华为基本法》这两段简短的内容,可以看到华为在利益分配上的两个明显的特征:

首先,就各个利益相关者总体而言,华为认为要"结成利益共同体",也就是一种协调的利益分配机制。

其次,在内部具体的分配方面,其实质是关于股东与员工之间的利益关系的协调。

联想是由中科院计算所投资的一家公司,创办之时是纯国有背景,这种国有企业的一个最大弱点是很难解决员工的长期利益问题,尤其是股权的长期激励问题。联想总裁柳传志是一个高瞻远瞩的企业家,他很早就思考了如何进行合理的价值分配以调动各方面积极性。1994年,已具规模的联想获得中科院首肯,拥有了35%的分红权,使员工获得了实际的利益。其实早在1993年,联想内部已经有了方案。"20万元起家做大的企业,员工有这个权利。"他说,"企业搞得好,股份制就有必要,解决的根本问题是企业活力。"1994年,联想依靠35%的分红权及时解决了发展中新老人员问题和班子交替问题,也解决了制约联想发展的对于员工的长期激励问题,而在2000年将35%的分红权转化为股权,又解决了联想发展中的重大产权关系问题。

第四节 帮助员工获得成长

幸福的人生是在成长中实现的。办企业的实质是"办人"。企业成长的基础是员工的成长。在帮助员工成长方面,美国IBM公司、日本松下公司等全球杰出公司的实践经验值得人们借鉴。

1. 松下的员工成长之道

松下幸之助认为,一个人的能力是有限的,如果只靠一个人的智慧指挥一切,即使一时取得惊人的进展,也肯定会有行不通的一天。

因此,松下电器公司不是仅仅靠总裁经营,也不是仅仅依靠干部经营,而是依靠全体员工的智慧经营。松下幸之助将"集中智慧的全员经营"作为公司的经营方针。

为此,公司努力培养人才,加强员工的教育训练。公司根据长期人才培养计划,开设各种综合性的系统的研修班、教育讲座,并拥有

关西地区职工研修所、奈良职工研修所、东京职工研修所、宇都宫职工研修所和海外研修所。

松下幸之助之所以取得如此巨大的成就，除特定的历史条件和社会环境外，他的经营思想的精华——人才思想——奠定了他事业成功的基础。松下说："事业的成败取决于人，没有人就没有企业。"松下电器公司既是"制造电器用品"的公司，又是"造就人才"的公司。

为了适应事业的发展，松下公司的人事部门还规定了下列办法：

第一，自己申请制度。干部工作一段时间后，可以自己主动向人事部门提出申请，要求调动和升迁，经考核合格后可以提拔使用。

第二，社内招聘制度。在职位有空缺时，人事部门也可以向公司内部招聘适当人选，不一定非得在原来单位中论资排辈依次提拔干部。

第三，社内留学制度。技术人员可以提出自己申请，经公司批准后到公司内办的学术或教育训练中心去学习专业知识。公司则根据发展需要，优先批准急需的人才去学习。

第四，海外留学制度。定期选派技术人员、管理人员到国外学习，除向欧美各国派遣留学生外，也向中国派遣留学生，北京大学、复旦大学都有松下公司派来的留学生。

由于松下公司把人才培养放在首位，有一套系统而完整的培养人、团结人、使用人的办法，所以在松下体制确立以来，培养了一支企业家、专家队伍。事业部长一级干部中，多数是有较高学历的、熟悉资本管理的，其中不少人精通一门外语，经常出国考察，知识面广，年轻精干，而且雄心勃勃，有在激烈竞争中占领世界市场的强烈欲望。这是松下公司能够实现高效率管理的前提。

2. IBM 的员工成长策略

IBM 公司是一家享誉全球的高科技技术公司。美国《时代周刊》曾这样评价 IBM："没有任何企业会像 IBM 这样对世界产业和人类生活方式带来和将要带来如此巨大的影响。"IBM 坚持"杰出尽职的人才组成团队是成功之本"的信念，并采取各种方式帮助员工成长。

第一，新员工的成长。

新员工进入 IBM，首先要进行为期 4 个月的集中培训。培训内容包括公司的历史、制度、技术、产品的介绍，以及基本的工作规范和技巧。培训采用课堂授课和实地练习两种形式，培训结束后，进行考核。合格者，获得结业证明；不合格者，则被淘汰。通过淘汰制，一方面可以促使新员工努力学习，防止"走过场"，另一方面，淘汰制也保证了优秀公司只使用优秀人才的用人之道与制度安排。

经过 4 个月培训的员工，仍不能成为一个合格的 IBM 员工。要成为 IBM 的正式员工，还要经过一年的实习。实习期间，公司给每个新员工指派一位师傅，一对一地进行帮带。而且，师傅和徒弟要共同制订一个实习计划，明确师傅教什么、徒弟学什么。实习期间，要定期向人力资源部和新员工所在部门反馈实习情况。

实习结束后，并不意味着员工职业的定型。年初，员工要做工作计划和个人发展计划，提出继续深入做现在岗位工作或变换岗位的计划和职业生涯发展计划。如果决定继续在现有岗位上工作，员工可以提出自己还需要参加哪些内容的培训,想参与哪些项目,也可以要求继续让一个师傅带自己。如果提出变换岗位,要说明现有素质能力及如何适应新岗位。

通过以上的实习、工作计划和个人发展计划制订,新员工基本可以找到较为适合自己的职业定位,也基本建立了相应岗位的职业能力。

第二,为员工提供两类职业发展道路。

IBM把员工视为企业最重要的资产,在平等和受到尊重的环境中,为员工提供有挑战性的工作,系统的培训,以及成功的机会,强调员工工作中的价值与满足感。IBM致力于把每位员工实现自身价值的过程,凝聚为企业发展源源不绝的强大动力,让员工与公司一起成长。

由于管理岗位有限,通过管理岗位晋升到经理、总监的只能是少数人,所以,IBM向员工提供管理和专业两种成长道路。员工在规划个人的职业发展时,如果提出沿着管理方向发展,公司要考察该员工是否有这个潜力。考察后如果认为有发展潜力,就把该员工列入经理人才储备库,并安排相应的经理培训计划,在适当时候接受为期3个月的经理人员培训。经理培训内容主要包括管理技巧、领导力、跨部门协作等。另外,还会给学员一个具体项目进行实际操作,体会作为团队领导的责任、义务。课程合格者,遇有经理职位空缺时,可以立即上岗。

如果员工想沿技术线发展,IBM也提供了相关制度方案,员工可以逐级地向上发展。如果已经发展到一定的程度,并且具备以下3个条件:做过一定的项目,带过新员工,在公司培训中讲授过一定的课程，员工就可以参加公司专门组织的考试，答辩合格后，即可给予技术上的晋升。

第三，注重对员工的培训。

IBM注重员工培训，制定十分完备的员工培训制度和具体实施方案。培训形式除传统的教师培训外，还广泛地采用了网上培训。IBM建立了自己的网上大学，并在网上大学中开设了几千门课程，供员工根据自己的时间情况随时安排学习。

IBM还提倡员工边工作边学习，或者在业余时间参加各类课程学习，以提高工作效率和个人发展潜力。员工可提出自己的学习需要，只要与工作有密切关系，公司一般都会支持。IBM专门有一个学费报销计划，给参加培训的员工报销学费。公司还欢迎员工主动和经理讨论自己的学习计划，以保证学习计划与个人的业务发展、公司的业务环境相符合。

第五节 使员工富有成就

成就是幸福的重要来源之一，成就既是一种现实，也是一种感受。使员工富有成就，就是要形成一种有效的制度安排，使员工能够创造更大的价值并获得更好的价值创造体验。

要让员工富有成就，首先要唤醒其"主人翁"意识，如果没有做主人的感觉，凡事只能充当从属的、被动的及被支配的角色，员工是不会有真正的成就感的。真正有效的管理是最大限度地实现员工的自

我引导和自主管理,充分发挥员工的主人翁意识以及由此所激发的主动劳动和创造精神。

我的一位老同学,他学历不高,是那种看上去非常朴实无华的人。然而,让其他同学想不到的是,他成功地开办了一家电子商务公司,并且近几年来,公司每年都以数倍的速度成长。当我问及他成功的秘诀时,他说:"我没有什么特长,连在电脑上打字都不太会。但我还算有眼光,几年前就感觉到电子商务有非常大的前途,所以我开办了电子商务公司。然后我选对了人,任命的总经理是个80后,我激励他的办法就是让他充分享受做主人的感觉,所以我很少过问细节,只关注结果和经营是否合法及合乎道德规范。我认为我的价值是以出资为风险和代价,建立了一个可以共同发展的平台。所以我只是一个导演,至于演员,那就放手让他们表演吧。"

我的这位同学不仅在管理上充分放手让年轻的总经理及其他员工做事,而且设计了非常有效的激励手段,他的这位80后总经理很快就能拿到百万以上的年薪,因为老板按照一个十分优厚的比例将利润直接分配给这位总经理。

中国新东方教育集团的成功,在某种程度上是由一个共同创造成就的理念和系统设计所成就的。从新东方发展的历程看,早期的创业者是俞敏洪,后来的多个台柱人物的加盟是新东方发展壮大的重要因素。比如,徐小平的出国留学咨询,王强的"美式思维口语教学法",包凡一、何庆权从加拿大带回超凡的英语写作,"雅思王"胡敏编撰出的中国第一套雅思教材,杜子华独创的"电影口语教学法",江博的"激

第五章
幸福企业的五项人本要旨

情新概念英语"等。正是这些灿烂的群星,照亮了新东方辉煌的前程。

新东方是如何吸引如此众多的优秀人士加盟的呢?最主要的还是新东方有一种让员工富有成就的理念和胸怀。早期的新东方就以"拿着麻袋分钱"让社会羡慕,在十多年前人们还普遍并不富足的年代,新东方给其优秀教员带来的财富成就是其他教育机构无法比拟的。

新东方给人带来的不仅是财富成就,也给人带来了其他方面的成就感,如荣誉、个人的社会品牌(在教育领域,这几乎是最重要的无形资产)。

让员工富有成就的重要路径之一,是给他们位子,赋予他们权力。

麦肯锡公司在招聘咨询人员时,就申明:"麦肯锡需要的是领导者,而不是追随者,员工要有自己的思想,善于接受新事物,并敢于实践,迎接挑战。"

DELL公司的老板戴尔非常重视领导人的培养,他甚至在员工没进入他的企业之前已经开始设想将他们培养成接班人。他说:"我们以寻找接班人的态度招募新人,并且定下规矩,所有人都必须寻找并发展自己的接班人,这是工作的一部分。所以大家知道我为什么每年都要花数百小时的时间亲自去挑人的原因了吧,在应征者当中寻找领导型人才,寻找接班人,怎么可以掉以轻心?"

华为公司十分重视领导力的培养。《华为基本法》最重要的作用之一,就是为了培养接班人。这里的接班人是指华为公司各级接班人。

联想集团能快速发展壮大的原因是多方面的,其中一个重要的原

因就是联想的带头人柳传志先生把让员工富有成就落实在行动中。

从1990年起，联想开始大量提拔和使用年轻人，几乎每年都有数十名年轻人受到提拔和重用。柳传志曾经提出联想要做"没有家族的家族企业"，他说："接班人不仅要考虑企业当前要如何生存和发展，还要考虑怎样让企业长久地发展下去，并一代一代地把事业心传下去，把事业传下去。没有家族，不能够真的传给自己的儿子，因此事业传承的难度就挺大。怎样从物质利益到精神利益上都能够让接班的人感觉到联想是他一辈子的事业，这是联想在谋求的一种创新型机制。"

联想除了提出了著名的联想"管理三要素"——"建班子、定战略、带队伍"外，还提出了"三不做"，即"没钱赚的事不能做；有钱赚但是投不起钱的事不能做；有钱赚也投得起钱但是没有可靠的人去做，这样的事也不能做"。这里面包含着一个重要的但与管理学普遍奉行的原则不同的原则——重人甚于重事，人在事先。在组织结构设计时，联想将重人与重事相结合，并以重人为主。比如：

联想在2000年分拆成两大子公司，杨元庆、郭为分别成为两大子公司领导人。杨元庆领导的联想电脑集团公司，主要负责网络接入端产品、信息产品，以及ISP和ICP的服务；郭为领导的联想神州数码有限公司，主要负责以电子商务为中心的网络产品业务，以及为客户提供全面的系统集成方案。

联想分拆，有部分媒体将此举评价为"败笔"。因为从业务形态和组织结构分析，联想的互联网业务似乎并没有完全划归其中一方，而是将信息服务划给了杨元庆，将电子商务划给了郭为。如果不分，联想所能提供的网络产品应该更全面一些。更何况网络企业的联盟与合

第五章
幸福企业的五项人本要旨

并是一个趋势，但联想却进行了一场人为的割裂，这从产品的系列完整性上看是相当不利的。

但后来，联想分拆的"主持人"柳传志道破了其中的玄机，他说："杨元庆和郭为都是千金难求的领军人物，无论让谁接班，都会伤害另一个人，在他们之间造成恶性竞争。所以最好的办法就是避免这种情况的发生，让他们各自发展。从这个角度讲因人设岗是最好的办法。"柳传志还认为，有时过多的协调会造成极大的资源浪费，也会妨碍效率。现在看来，分拆不但没有伤害到联想的发展，反而使联想的业务发展得更好。

使员工分享财富成就，就要有一种舍的精神；使员工具有做主人的成就，就要有包容的胸怀；使员工具有独立自主的成就，就更要有一种境界。

GE公司在对待员工方面，是非常豁达明智的。GE认为："使员工富有成就，你必须给员工选择的自由，只求为己所用，不求为己所有。而且，不要把员工看做自己的私人物品。"GE在造就有成就员工的同时，也使公司自身拥有了极大的成就。GE也因此不断地向社会输送世界级的优秀职业经理人。

第六章　幸福企业家的三重境界

> 强者是确立价值的人。
>
> ——尼采

第一节　企业家的原动力不是追求财富，而是创造幸福

本书前文中已经探讨了幸福企业的三重境界，这里重点探讨幸福企业家的三重境界。有人会认为，幸福企业与幸福企业家应当有统一的步调，其实不然。企业与企业家在利益和幸福方面是否统一，取决于企业家的理念和行为。在短期利益方面，企业与企业家经常是相互矛盾的。比如，在某个特定的经营时期，企业在经济利益的分配方面，如果企业家个人得到的特别多，绝大多数的员工就得到得少。由于多数企业家受短期利益因素的驱动较大，因此企业与企业家在利益和幸福的实现方面常常并不一致。所以，我们在此特地将幸福企业家独立于幸福企业予以探讨。

25 年前，当我第一次在图书馆看到美国《企业家》杂志上的卷首语《我是企业家》这篇宣言时，就被深深地吸引了。那时我还是一个

学习应用数学的理科大学生，基本不知道企业为何物。当时我把这篇文章全文抄录并背诵下来，即使在许多年后，我仍能大致背诵全文。在2002年创办自己的公司之前，我还特意将这段文字找出来反复研读，借以理解创业者的角色和未来道路，并激发自己的创业勇气。

以下是《我是企业家》的全文：

我不会选择去做一个普通的人。如果我能够做到的话，我有权成为一位不寻常的人。

我寻求机会，不寻求安稳。我不希望在国家的照顾下成为一个有保障的公民，那将会因为被人看不起而使我感到痛苦不堪。

我要做有意义的冒险。我要梦想，我要创造，我要失败，我也要成功。

我拒绝用刺激来换取施舍。我宁愿向生活挑战，而不愿过有保障的生活，我宁愿要达到目的时的激动，而不要乌托邦式的毫无生气的幻想。

我不会拿我的自由去与慈善作交易，更不会拿我的尊严去换取发给乞丐的食物。我决不会在任何一位大师的面前发抖，也不会为任何恐吓所屈服。

我的天性是挺胸直立，骄傲而无所畏惧。我勇敢地面对这个世界，自豪地说，在造物主的帮助下，我已经做到了，所有的这一切都是一位企业家所必备的。

解读《我是企业家》，人们很难发现它与财富、利润等有特别直接的关系。相反，它阐述了人的奋斗精神与追求人生不断发展的理想。美国企业家精神的核心，是个人自由意志的充分伸张，是对人生价值和意义的探索和追寻，其实质就是对人生幸福的追求和创造。

因为企业家这个角色要承担风险、压力和失败，因此《我是企业家》

第六章
幸福企业家的三重境界

这篇简短的文字在充满了激情的同时,也有一些壮烈的色彩。企业家们必须意识到,企业的创造是一个充满风险和挑战的艰苦过程,为了实现个人梦想,必须有所付出。企业家们要有一种大度和从容的精神准备,去把失败看成一种经历,一种精神的历险。

通过美国企业家的精神去解读企业存在的目的,可以发现企业存在的目的并不是以财富的创造和获得为中心的。相反,它是以梦想、成就和自我表现为中心的。

杰出的企业家是和平时代的英雄。正如历史是英雄与大众共同创造的一样,商业文明也是由企业家和员工共同创造的,企业家的人数虽少,但发挥了不可替代的中坚作用。

由于在企业从创立到发展壮大的全部过程中,企业的发展方向、制度、文化等等,都深深地打上了企业家个人价值观的烙印,在一定意义上,企业家是企业的塑造者。因此,创建幸福企业,就不可能脱离企业家,观察一个企业是否符合幸福企业的基本特征,也不可能忽略对企业家的观察。

企业家"Entrepreneur"一词是从法语中借来的,其原意是指"冒险事业的经营者或组织者"。按照这个意思,汉语里它实际上指的是创业者。真正的企业家应当是成熟和成功的创业者,是在创业的过程中不但创造了物质财富,也创新了技术、管理的方式以及文化。

真正的企业家是一个崇高的职业,是一个受社会尊重的阶层。企业家应当有高度的人文自觉与理想主义精神,并在所处的行业中发挥典范作用。

"合抱之木,生于毫末;九层之台,起于累土;千里之行,始于足

下。"老子在《道德经》中的这段话，意思是说任何事物的发展壮大都有一个开端，一个基础，哪怕是一个微小的开始。幸福企业家是幸福企业的开端，没有企业家的引导，企业的发展无从谈起。

对于企业家在企业中起到的中坚作用，美国知名企业家精神研究专家柯兹纳作出了高度的评价，他在一次著名的演讲中说："今晚我所发表的意见将坚定地捍卫企业家及其努力作出的贡献的社会意义。不过我想指出，这些贡献的意义和价值决不取决于企业家们的仁爱之心、公共精神、学识、智慧、绅士的魅力或高尚的道德品质。即使所有的企业家都是粗鲁的、自私的和笨拙的，我们也必须承认他们在社会上发挥了相当有价值的作用。"

第二节 企业家的第一重境界：自我的伸张

企业是个人实现自我的工具，对于创业者而言，不管他是否明确地意识到了这一点，其行为都会受到这种意识的支配。

企业家几乎都是由创业者发展而来的，因此，企业家的第一重境界，是自我的伸张。

这种自我的伸张，是将企业作为一个平台和工具，来实现个人的自由与梦想，实现个人选择的多样性，实现个人职业或生活上的某些重要改变，或克服作为一个雇员时的一些重要不利因素。创业可以激发个人的激情、活力与创造性，可以去尝试一切可能性。总之，虽然创业者的身份各异，所追求的重点也不同，但他们创业的共同特征都

第六章
幸福企业家的三重境界

是一种伸张自我，放大自我，寻找更大的个人机会的过程。创业是一个充满生机的伟大实践，创业者受到雄心勃勃的创业计划的鼓舞，热情洋溢地投身于创业实践。

每一位创业者在创办一个企业时，都有自己的目的，这些目的常常不是单一的，而是混合的、复杂的、多样的。如果我们从这些多样复杂的目的中抽出一个逻辑主线，那么这个主线较大的可能是创办者为自己创造一个独立的自由王国，以充分的自主精神自由地发挥自己的能动性和创造活力。创业的初期，创业者在财富积累和事业保障方面常常是脆弱的，而吸引创业者冒此风险的原因在于，创业是一个自主的、没有天花板制约的，可以天马行空，思想自由驰骋的过程。

创业是一个艰苦的探索过程，时刻伴随着失败的风险。据2009年美国摩立特咨询机构在全球二十多个国家和地区的调查统计，在中国，有75%的人有创业的意愿，但自主创业的存活率只有3%~4%，而在大学生创业群体中这个比例更低，只有1%（我有些怀疑这个统计数字并不十分准确，创业成功的比例可能没有这么低，但成功的比例非常低这个结论是肯定的）。创业失败就意味着创业者在时间、金钱、精力和资源等方面的损失。

通常，创业者在创业的初期并没有太多的物质回报，创业者最大的收益是通过创办一个属于自己（有时只是部分地属于自己）的组织，充分发挥自身的主观能动性，也让自己在职业的范畴内成为自己的主人，从而可以面向一个更为广阔和复杂的世界，并发挥充分的想象力和创造力，去迎接一个崭新的、光辉灿烂的未来。

微软公司董事长比尔·盖茨就把个人的创业当做一个实现个人梦

想的工具，而不只是为了挣钱，甚至主要不是为了挣钱。在谈及最初的个人创业时，他说："当你创办一家企业时，你有一个目标。对有些人来说，是一种财务目标——这并没有什么错；对有些人来说，目标是他们想打造的一种特别的东西。对保罗和我来说，目标就是使计算机成为一种增强人类能力最有效工具的梦想。我们当时没有想我们会赚大钱。当然，我们确实赚了很多钱。"

松下幸之助1917年6月创业时，仅22岁，谈及自己创业的原因，他说得很简单："健康欠佳，无法顺利每天继续上班。缘于请假无薪水可领，生活易陷入困境，希望通过生产自己设计改良的电灯插座，来争一口气。"

中国著名企业家柳传志称自己开始创业时，同样也没有宏图大略或伟大理想。他说："我是柳传志，联想集团董事局主席。27年来，我一直走在创业的路上。1984年开始创业时，我已经40岁了，有精力不知道干什么好，憋得不行，特别想做事，就创业了。有人问过我，下辈子会干什么？我想，如果有下辈子，我还要创业。

"虽然创业有时带给我很多彷徨，甚至还有恐惧，但是它有一个好处，就是能够设计自己所要走的道路，一步一步去努力，最后能做到，这个感觉很特殊。

"我的办公室位于北京高校最密集的地区，每天上班途中，我都能看到一张张稚嫩的脸上挂着对未来的迷茫。有一个数字让我很担忧，全国每年有几百万大学毕业生面临找工作的难题，另外还有1800万就业困难群体。这其中不少人想创业，可就是不敢试。作为过来人，我们有义务和责任做他们的导师，为他们指指路，让他们能超过我们。"

这是柳传志先生在 CCTV 财经频道创业课堂系列节目《创业：我们的故事》中的开场白。从柳传志的创业描述中可以看到，他创业的目的也不是金钱，而是要释放自我的能量，走自己的道路，简言之，是伸张自我。

对于还没有成就的创业者，他们的幸福并不是建立在成功上，而是建立在对自我的追求中，他们为梦想所激励，为目标所引导，为创造和成功感到骄傲和自豪。由于这个阶段企业的规模尚不是很大，各类规章制度都没有建立起来，创业者有高度的灵活性安排自己的职业和生活，似乎一切都是以自我为中心，只是成功还离自己有一段距离。

第三节 企业家的第二重境界：共同的成就

"为有牺牲多壮志，敢教日月换新天。"一切壮丽的事业，都需要人们有巨大的付出，企业家的事业也不例外。

企业家的第二重境界，就是为了获得财富与成就，而部分地约束自我，融入团队的过程。在这个过程中，企业家失去的是部分自由与自主。

能够让企业持续经营的企业家，常常是经历了创业初期的艰苦磨炼，饱尝了人情冷暖的。在经历了创业初期的激情与梦想，走过一段艰苦的历程之后，企业家进入一个成功和收获的新阶段。在这个阶段，商业上的成功让企业家开始享受事业上的成就，而这个成就并不是他一个人拥有的，这是一种共同的成就。企业家在收获财富与成就的同时，

其精神世界也会变得更为成熟和富有魅力。成就感让企业家充满自信、精神焕发,并渴望获得更高的成就。

共同的成就意味着共同的担当,因此,企业家的事业也成了一种共同的责任,共同的约束。企业也渐渐地由过去企业家个人主导的服务于己的工具,演变成为一个服务于包括企业家在内的众人的工具。

联想总裁柳传志曾讲,他把联想办大后,要花50%的时间跟周围的人沟通。仅仅是在沟通方面就要花这么多的时间,这说明什么?说明企业家在把企业做到一定的规模后,自己驾驭企业的方式就会发生根本的变化,企业家个人已经成为企业的一个关键部件,这个关键的部件要与其他部件协同工作,才能保证企业这个大机器的正常运行。

管理者的时间往往属于别人,而不属于自己。企业家在这个阶段失去的,是个人的时间自由。由于组织规模变得较为庞大,管理变得复杂,企业家在这个阶段需要为企业确立更多的规则,于是他的会议更多了,社会交往也与日俱增。在这些社会交往的活动中,有时是由于企业发展的需要,不得不被动地与各类人员(客户、政府官员、合作者、金融机构等等)交往,有时则是出于企业家本人扩大社会影响和提高社会地位的需要而参加的活动(比如,企业家在政府谋求类似人大代表等职务,出席各类会议)。总体上,这时的企业家就是忙,他仍然是为自己奋斗,但已经没有多少个人的时间,许多时候身不由己。

企业家在这个阶段也变得更加成熟和睿智。

企业家参与的企业管理活动,是需要进行积极思考的脑力活动,思考的结果是观点、创意、见解或智慧,而不是价值或财富。思考可

第六章
幸福企业家的三重境界

能会变成一件无效或负效的事情，一旦思考无效或负效，就等于没有成就甚至负成就。为了使思考富有成就，企业家必须学会更多地借鉴别人的观点和智慧，与他人群策群力，共同思考和决策。

《华为基本法》与华为公司一样，在中国产业界享有盛誉。《华为基本法》从1995年萌芽，到1996年被正式定位为公司的管理大纲，到1998年3月定稿和审议通过，历时数年。这期间华为经历了巨变，从1995年的销售额14亿元、员工800多人，到1997年的销售额41亿元、员工5600人，而到1998年，华为已经是一家年销售额89亿元、员工8000人的公司了。

《华为基本法》的诞生，标志着华为的管理由自发走向自觉，由零散走向系统，由幼稚走向成熟。《华为基本法》是华为总裁任正非邀请外部专家共同起草的，它将公司的核心价值观表述为："华为的追求是在电子信息领域实现顾客的梦想，并依靠点点滴滴、锲而不舍的艰苦追求，使我们成为世界级领先企业。"所以说这是一个追求成就的宣言。同时，《华为基本法》第8章第102条也主要是对高层管理者的一种约束，强化了集体奋斗的精神："华为公司的接班人是在集体奋斗中从员工和各级干部中自然产生的领袖。……公司高速成长中的挑战性机会、公司的民主决策制度和集体奋斗文化，为领袖人才的脱颖而出创造了条件。各级委员会和各级部门首长办公会议，既是公司高层民主生活制度的具体形式，也是培养接班人的摇篮。要在实践中培养人、选拔人和检验人。"

《华为基本法》中多处强调集体奋斗和共同分享，任正非的杰出之处在于，他深知企业是一个人们集体奋斗并享受共同成就的平台，并以"基本法"的形式确立为公司的原则和制度。任正非在对基本法作评价时曾说:"几千员工与各界朋友两年来做了许多努力,在人大专家的帮助下,《华为基本法》八易其稿,最终在1998年3月23日获得通过,并开始执行。共同制定并认同的《华为基本法》将企业家的个人魅力、牵引精神、个人推动力变成一种氛围,推动和导向企业的正确发展。它阐明了我们的核心价值观,我们的数千员工现已认同它,并努力去实践它,实践中把自己造就成各级干部的接班人。这就是希望,这就是曙光。"

第四节 企业家的第三重境界:心灵的解放

一个人能征服世界,并不伟大。能征服自己的人,才是世界上最伟大的人。

人生奋斗的基本目标是自我的解放,企业家奋斗的最高境界,是心灵的解放。心不为物所累,人不为时局所困,事业成为一种自然的生活方式,从而在思想上享有更大的自由。个人不再仅仅是一个普通的社会劳动者,还将成为一种社会符号,一种社会价值观的杰出代表。

心灵的解放和巨大财富或巨大成功并没有必然的联系,心灵的解放是一种理念,一种境界,一种哲学意境和一种人生观。有人说,在中国发财致富不冒风险是不可能的,在一个权力主导经济的国度,在某些领域必须按潜规则办事或权钱交易的社会,发财本身就意味着个人风险。孔子说:"饭蔬食饮水,曲肱而枕之,乐亦在其中矣,不义而

第六章
幸福企业家的三重境界

富且贵，于我如浮云。"在孔子看来，人幸福与否更多地取决于感受幸福的能力，简单质朴的生活同样可以使人感受幸福。

如果众多企业家能够以追求人生幸福为目标，而不是以无度地攫取财富为目标，也许，我们在当代中国就看不到如此众多的财富上榜人物身败名裂，也看不到无数企业家为了财富而背弃道义、永远疲于奔命了。

由于中国国情的特殊性，《福布斯》富豪榜这个在全球被视为商界英雄榜的榜单在中国却极为讽刺地成了"杀人榜"。从1999年南德案的牟其中，到德隆案的唐家兄弟，到上海社保案的张荣坤，再到国美案的黄光裕……多少上榜的富豪不仅没有因为财富的巨大积累而获得身心的自由，反而在财富积累的过程中渐渐地为自己套上了沉重的枷锁。

如果中国的企业家愿意，可以借鉴一下欧洲的贵族生活方式。贵族并不仅仅是金钱的富有和享有特殊的社会地位，他们必须在精神意义上更加高贵，就如同有人描绘的那样："作为一个特殊的群体，贵族共享着睿智的思想、儒雅的行为模式和优越的生活方式。"

从用劳动创造价值到用资本创造价值，企业家开始享受更大的自由。这时的企业家，对于人生的总体安排，可以进行适度的利益让渡，甚至功成身退。企业家在创业成功后，已经拥有了财富和成就感，比其他人有更好的条件进入到心灵解放的境界。财富的积累使得企业家获得了财富意义上的自由，他不再需要为基本的生计奔波，也不需要为经济利益处心积虑、斤斤计较。

企业家在拥有财富和成就之后，应当以心灵的解放为目标，安排

个人的事业和生活。大体上,以下方式有助于企业家实现这种转变:

第一,适当的利益让渡。这是企业家实现心灵解放的第一个过程,是一个选择平衡个人价值的过程,财富价值观应当让位于终极价值观。企业家可以通过设计股权的制度,将个人股权以某种形式让渡给企业中的部分核心人员,以形成核心人员的有效激励。这样,就在企业中建立了利益共同体,有利于企业的成长。这类例子在中国优秀企业中很多,如华为、万科等,这些企业的创办人最初拥有很大份额的股权,但在经济利益的让渡中逐渐被稀释了,换来了利益共同体和事业共同体,不仅把事业做大了,企业家个人也得到了适度的解放。

有些时候,并不是企业家不愿意分享产权,而是担心产权的过度分散会带来重大决策的困难或其他可能的管理风险。解决的办法之一是企业家出资创办新的、小型的与原企业有产业链关系的企业,并赠予核心人员股份,实现财富利益的让渡和对相关人员的有效激励。

第二,完善管理结构,从繁重的领导角色中适当退出。企业家经历多年的创业,不少人已经身心疲惫,有必要减少用在工作上的时间。也有些人,虽然健康状态还很好,但希望接触世界上的其他事物,拥有其他爱好,因此也需要从繁重的工作中适当淡出。

第三,适当引入外部智力。企业伸展自身思想的方式,是增强与外部思想的互动,将外部思想引入到组织内部。独立董事、顾问、咨询机构都是可以选择的外部智力。只要选择得当,多数时候,企业家与外部思想互动的产出是远远大于投入的,在这方面多数企业家都应当加强。

企业家心灵解放的方式是多种多样的,对自然的融入,与文化的偕行，放下财富的独占而行慈善，等等。心灵放下了，物质占有的欲望自然会减少，这需要一种境界，一种更高更美的人生境界。

第五节 家族企业传承及接班人培养

每一个重大事件的背后，都有一个宏大的时代背景。1978年的中美建交，打开了中国通向西方世界的大门，也扣开了中国的自由市场之门。此时此刻，中国僵化的制度和管理开始松动，资本的力量开始在中国这块广袤无垠的大地上萌芽、生长。中国经济社会发展的历史，由此开启了崭新的一页。

伴随着国内的改革开放，无数个家族企业应运而生。这些家族企业在其发展的初期，几乎都是涓涓之水，汨汨细流，但经历数年的发展，一大批家族企业已经形成大江大海的气势，傲立于波涛汹涌的商海潮头。

"天若有情天亦老，人间正道是沧桑。"正当许多家族企业如日中天，步入其辉煌时期的时候，第一代创业企业家们却发现，随着时光的无声流逝，自己已经身心俱疲或者智识经验已不能适应新的发展，于是企业交班的问题在中国家族企业规模化地、集体化地出现了！可以说，中国家族企业接班的问题，是当代中国社会时代发展的必然产物。

1. 为什么企业家们热衷于"父业子承"

中国民营企业家中,许多人希望将自己的事业交给下一代管理,使"家业长青",这种现象的出现既有现实的社会基础,也有深刻的历史文化背景。

第一,是财富的可继承性。财富有一个非常重要的特性,也可以说是优势,那就是与企业家的思想、品格、意志、情趣等相比,财富是可以直接传递给下一代的,而思想、品格等是无法简单传承的。

第二,中国家文化的传统。生命的生生不息是中国人的最高理想,但现代中国却是民众普遍缺乏宗教信仰的国度,没有信仰,就不可能悟到人生的永生。因而人们只能寄希望于子孙后代将自己的事业发扬光大。

第三,企业家的心理情结与理想性。企业家们在经历一番艰苦的创业历程之后,好不容易将企业做大,在这个企业家与企业共同成长的长期过程中,企业家对企业必然会产生强烈的感情,这种感情会使企业家有一种将企业持续做下去的本能意愿。而从情感和信任度上讲,人们往往对自己的子女最为放心,所以企业家非常希望将企业交给自己的子女经营。

第四,对财富看得过重。部分企业家在创业之初生活比较艰苦,因而在他们心中,财富的价值非常大。随着企业的发展,他们自身的财富已经足够富足了,但仍然不改创业之初对财富的价值观点。把财

第六章
幸福企业家的三重境界

富看得过重,自然就希望"肥水不流外人田",要把企业交给自己子女经营。

2. 无须子承父业,只要后继有人

从幸福企业的理论出发,我们认为"富不过三代"是一种正常的归宿,更完全没有必要要求"子承父业"。

子女有自己的天性、喜好、理想和追求,沿着他们自己的天性和特长发展,是符合自然之道的根本法则。也就是说,企业家应当首先尊重子女自己选择事业和人生方向的自由。

必须承认,企业家是稀缺的,企业家必须具备的冒险精神、坚毅性格、直觉智慧、大局观和用人胸怀等,决定了他们是社会稀缺的少数派,是"特殊人物"。创业者在社会中所占的比例本来就不大,而能够创业成功,成为企业家的就更是少之又少。这是一个基本的社会现实,这个现实说明,企业家在个人素质方面有高度的特殊性。而企业家的后代,具备这种特殊素质的可能性相对较小,因而后代在经营管理企业方面比不上前辈,是完全正常的,是一个大概率事件。

必须认识到,领导和管理一个企业对于企业家的子女来说,如果他们志不在此而且又不擅长的话,那么将会变成一件痛苦的事情,这与企业创造幸福的理论是相悖的。

由于资本市场的发展,企业传承的命题在一定程度上可以转化为资本传承这个命题,从而可以很大程度上将"子承父业"这个光荣的任务转化为"父资子营"。换句话说,企业家的后辈只要适当加强金融

资本运作或投资理财方面的知识和能力的提升，就能够以与前辈不同的方式，使"家业"得以维持和发展。

现代企业法人治理结构为企业家家庭掌控企业提供了既有效又有局限性的方式，那就是通过建立完善一个高水平的董事会来帮助企业家二代进行企业的间接管理。这种方式的局限性是，管理是一门实践的艺术，其有效性与对现实的认知程度有关，如果企业家二代仅仅以董事长的身份而不是以 CEO 的身份进行管理，由于其对企业具体实践的了解有限，最终发挥管理的正面作用的机会也受到较大的限制。

总体上讲，"父业子承"是一种狭隘价值观的产物，企业家需要精神与理念的升华，从人生的工具价值观上升到全面的人生发展观和幸福观。如果企业家参悟了这些道理，就不会因循守旧，固执于"富过三代"和"子承父业"的理想了。

3．企业家后代人生发展的特殊性

教育的根本宗旨是实现人的自我解放，是使人认识社会，理解规律，完善自我，获得幸福的过程。但遗憾的是，中国的基础教育从根本上变成了一种机械的应试教育，而中国的大学教育由于产业化和缺乏合格的师资，没能有效地培植出有为的青年才俊，而是蜕变为一种可悲的"应职教育"。也就是说，中国教育基本上已经背离了教育的根本宗旨，它没有很好地帮助人们创造幸福，反而在许多方面压榨了人的身心，固化人的思维。

企业家后代由于已经实现了财富自由，或者基本实现了财富自由，

第六章
幸福企业家的三重境界

使其有条件超越普通家庭子女应试教育和"应职教育"的价值取向，所以无论在基础教育方面，还是在高等教育方面，都不必走普通家庭子女的常规道路。在现实的环境下，有三种选择：

第一，在国外接受教育。其优点是避开了中国的应试教育和"应职教育"，有利于孩子的全面成长。其缺点是由于文化的差异及种族歧视的客观存在，中国人与西方人之间缺乏心灵交流，中国人难以真正融入到西方主流的社会及文化环境中，因而很难真正体验到爱、成就，没有爱，没有尊重，就没有足够的幸福可言。

第二，参加企业家二代培训。目前国内有许多类似的培训，但培训终究是培训，只是一个短期的项目，并不具备系统性和完整性。当然，有时间和机会，在慎重选择的基础上，参加这样的学习还是有帮助的。

第三，建立共同圈子。企业家后代需要建立一个彼此认同的、紧密联系的圈子。企业家后代身份的特殊性，决定了他们在社会上是少数派，在某种意义上也是孤立的群体，因此，他们对建构彼此认同的圈子是非常必要的。从商业发展本身的角度而言，企业的发展是外部协作的产物，圈子的构建非常有利于企业的经营发展。

企业家后代的成长在现实的教育环境下缺少更多有效的选择，一个补救的方法，是为企业家后代寻找人生导师。人生导师的作用是全方位辅导企业家后代的成长，包括人格的塑造、思想的启迪、重大问题的协助谋划等。当然，这对人生导师的素质要求是非常高的，普通的专家学者难以胜任。但社会中总还是有这么少数人是有真才实学的，他们的社会角色也是广泛的，如成功企业家、高管、有思想力的学者等。

第七章　幸福组织学五项修炼

> 宇宙由混沌走向秩序，是自然法则作用的结果；企业由混沌的复杂个体欲望走向秩序，也必须效法伟大的自然精神，统一思想，形成心灵契约，建立秩序。
>
> ——佚名

第一节　组织：简约为美

企业处于竞争的环境之中，因此必须富有效率和成就。围绕组织的效率和成就，我提出了幸福组织学的五项修炼，即对企业的组织结构、制度建设、速度、信息化、竞争等进行考察。

组织是一个人们心灵相互联系与相互作用的平台。

企业创始之初，是一个由不同人、不同欲望形成的集合体，处于一种混沌的状态。企业从混沌走向秩序，必须效法伟大的自然法则，确立规则以建立秩序。

宇宙于洪荒中演进，经历百十亿年的进化和发展，形成了现在我们能够观察到的无限而壮美的宇宙空间：星际在无垠的太空中有规律地运行，自然世界已经走出混沌，拥有了良好的秩序。

自然世界的秩序形成的基础是什么？是伟大的自然法则，是规律。如果没有万有引力这一自然法则的存在，那么地球就不可能精确地环绕太阳运行，更不可能持续稳定地从太阳吸收能量滋养万物、孕育生命，甚至连地球本身也不可能存在。正是万有引力的作用，地球才能由分散的物质聚合成一个伟大的万物承载体。

地球成为一个物质的整体，靠的是包括万有引力在内的四种宇宙基本作用力，那么企业成为一个整体，靠什么相互吸引或约束呢？

能够让人们彼此吸引而成为一个整体的，必定是人们的心灵，而不是组织的形式。组织的形式只是提供了一种强化人与人之间发生特定关系的方式，最根本的还是人与人之间心灵联系的实质。

1. 有形的组织结构与无形的精神结构

这里所说的结构，是哲学的定义。结构指企业系统内部各要素之间相互联系和组织方式的总和。企业系统不是要素的"堆积"或"混合"，而是由若干要素按一定的相互联系和作用关系构成的。所谓相互作用，是指要素之间存在互为因果、互相推动又相互制约的关系。

按结构的有形性和无形性来划分，企业系统可分为有形的组织结构和以精神、情感为纽带的无形的组织结构。这两种不同的结构支持着企业系统的运行和功能的实现。

人们往往重视有形的组织结构，而忽视无形的精神结构。但无形的精神结构往往更体现出企业结构的精髓，所以不能充分认识精神结构的存在及巨大作用，就不能深刻地理解企业内部管理的本质规律。

2. 精神结构的本质

真正的关系存在于人们的心灵之中。

什么是无形的精神结构？它是指人们的精神、信念和情感所形成的相互作用的系统，相较有形的组织结构而言，它更具有本质性。有形的组织结构只是为了强化人们按照一定方式的相互联系和配合而已。组织结构是制度化的结构体系，但制度化并不意味着人们内心深处能够按照制度化的要求建立相互之间的心灵契约。真正的相互关系存在于人心之中，存在于人的精神意志之中。有形的组织结构以及与之相伴而生的制度都是为了强化无形的精神结构。

可以说，企业中有形的组织结构只是"结构"的形式和现象，而企业中无形的精神结构才是"结构"的实质。要注意，管理学中经常提到的"非正式组织"，与我在此提出的无形的精神结构并不是同一个概念。非正式组织是与正式组织相对的概念，虽然非正式组织中的人的接触、相互作用和聚集包含在无形的精神结构之内，但是它远不是无形的精神结构的全部。无形的精神结构还同时包含着有形的组织结构所要体现的共同目的、相互作用和相互关系。

为什么两个看起来结构完全相同的组织会拥有差异巨大的经营业绩呢？原因就在于无形的精神结构虽然产生了很大的作用，却不为人所见。

3. 简单组织的实质结构

以军事斗争为例。军事组织具有结构单一的特点，但同样的军队建制（组织结构）和军队数量，在战斗力上却常常存在巨大的差异。比如，我们看到中国共产党的军队与中国国民党的军队结构没有什么本质的区别，为什么共产党的部队有更加强大的战斗力呢？重要的原因之一是共产党的部队之间有一种密切协作的精神，往往能够形成合力（在军事战略上称为所谓的"集中"，而集中又来源于其他多种文化特质，包括共同使命及执著程度、军事上的统一指挥、领导权威等），因而能够在局部战场或战斗中获得压倒对方的多数优势，从而取得胜利。这种密切协作的精神，主要不是由军队的组织结构和管理控制方式决定的，而是由军队的精神意志所决定的。

辽沈战役中，在双方出现混乱的战斗形势时，部下向林彪报告说部队里连找不着营，营找不着团，团找不到师，师找不着纵队，并表示对这种结构和命令上的混乱十分担心。然而林彪说："不用管，就这样打。"为什么林彪让部队这样似乎无序地作战呢？原因正在于，组织的有序存在于无形的精神结构中，中国共产党的军队已经培养起一种共同的使命和战斗目标，可以在缺乏统一指挥的情况下比国民党的部队更为自觉地进行战斗。同时，共产党军队所拥有的默契，使得他们在完成共同的战役目标时，能够相互提供有效协作。

4．小企业没有结构吗

在简单的企业中，尤其是在初创的小企业中，当企业还只有几个人、十几个人的时候，往往并不存在明确宣告的有形的组织结构，但并不能说这个企业没有结构。因为如果没有结构，企业就不会具有正常的功能。

这时企业的结构主要是无形的结构，企业中没有职责说明，没有流程图，而且由于每个人的任务都不是很固定，这种无形的结构还具有极强的灵活性和变化性。

比如，由于人手较少，企业的老板可能同时负责几项工作。老板可能在某个时候是销售员，在某个时候又是技术员，在某个时候还要负责人力资源方面或财务方面的具体事务。这种企业系统结构的维护，主要是精神、情感的维系，而不是有形的组织结构或制度的维系。结构存在于创办企业的全体人员的意识之中，而任务和指挥的多变，恰是这种企业得以灵活应对环境变化的有利因素。

随着企业规模的扩展和越来越多的专业分工，企业领导人感到有必要建立一套制度以使企业能够按照一定的规则和方式运作，于是开始构建企业的有形组织结构以及围绕结构而运作的流程、制度等。

可以说，企业有形的组织结构正是无形的精神结构的固化表达，有形的组织结构的作用只是有利于强化无形的精神结构并使之易于执行而已。

5．企业的结构弹性

所谓企业的结构弹性，是指企业的结构可以因要素之间的协同性或要素自身特性的变化而改变。

在同一行业中，拥有同样规模的企业，其组织结构的层级数量有时差别十分明显。即使是在企业组织结构扁平化成为一种趋势的时候，不同企业组织扁平化的程度仍然是不同的，而这种不同，体现出了我们所说的结构弹性。

比如，日本的小前健一说："多数日本公司甚至没有一个合理的组织结构图。没有人知道本田公司是怎样组织起来的，只知道它有许多许多工程队，而且非常灵活……典型的情况是，革新发生于两个独立体系的相交处，需要多种学科。所以，日本的组织灵活性，已经变成一个宝物了。"

结构弹性来源于系统中的要素以及相互之间联系的方式。企业组织结构受以下因素的影响：

首先，是企业系统中的要素特征，主要是人的特征。从结构的定义看，结构依存于企业系统的要素特征。就人而言，企业中各级管理者及其下属能力的增强，可以使他们管理更多的下属，从而增加管理幅度，减少管理层级。就组织设计而言，传统的管理理论在考虑组织结构的设计时，认为应当是重事与重人相结合，以重事为主。但我认为，根据结构的哲学定义，在完成特定的系统功能的前提下，进行结

第七章
幸福组织学五项修炼

构的设计应重点考虑要素的特性，在企业中应是重人与重事相结合，以重人为主。就如同GE的"人先策后"，联想的"没有钱挣的事不做，有钱挣但联想做不了的事不做，没有人干的事不做"那样。

其次，是组织中的信任关系。增强信任关系，可以减少工作中多余的控制和交流，实施更大胆的授权，从而增加管理的幅度，即增加每个管理者管理下属人员的数量，减少组织结构的层级。与此同时，员工的积极性、主动性和创造精神都能得到增强。

当然能够影响企业结构弹性的还有很多的因素，包括信息技术的应用、组织结构的设计是否合理、流程是否优化等等。但对于管理比较科学的企业而言，结构设计的合理性及流程是否优化并不是突出的问题，因为这不是构成企业间竞争能力巨大差异的根源。

以GE为例。GE公司是一个有效地实现组织结构扁平化的企业，之所以能够做到这一点，是和GE的一系列文化特质密切相关的。这些文化特质包括诚信、授权、消除官僚主义以及无边界组织的建立等。由于文化特质不同，许多企业的结构扁平化始终无法实现。所以说，结构是一种相互关系。组织结构只是表示和强化企业内部要素之间相互关系的方式，但结构本身却决定于要素本身的特性以及文化系统。

人们常常认为企业文化是企业组织制度的补充，即由于文化的作用，使人们愿意从事"夹缝"中的工作。实质上这是一种很大的误解。相反，我宁愿将有形的组织结构看做无形的精神结构的补充。制度和结构都是表象，它们服务于一个目的——使人们围绕同一目标协作起来。而使人们协作起来的本质，是建立人与人之间的协作关系，这种协作关系存在于人们的精神之中，组织结构和制度的目的，是为了促进人们产生这种关系。

通过以上分析可以看出,企业的组织结构在本质上都是一种基于人们心灵的共建而发生着的相互联系。在人们心灵的内在联系强健有力的条件下,可以采用简约的组织形式。组织结构以简约为美,而建立简约的组织结构的基本前提是人们心灵沟通和相互结合达到了较好的程度。

第二节 制度:人治与法治的分野

创造幸福,需要尽可能减少制度对人的约束和羁绊,但为了避免人性弱点对企业造成的损害或破坏,又有建立制度的需要,这两种相反的需要形成了尖锐的矛盾。

1. 一个没有绩效管理制度的民营大公司

2004年,我们为一家民营大型制造型企业集团作管理咨询。这家公司当时有6个子公司,员工近6000人,公司老板也是中国的财富上榜人物。按照管理学的一般原则,管理专家们往往会建议这家已经上了规模的公司建立中高层干部绩效管理制度。

这家公司从创办起就一直没有中高层干部绩效管理制度,但一直有一套激励中高层的奖励办法。每年春节,老板就会给每位中高层干部发红包,红包的数量事先谁也不知道,因为老板对于这个红包从来没有承诺，也没有明确的制度可以计算或推测，一切全凭老板安排。但是，这种看似简陋朴素的方法确实非常有效。这家集团的中高层干部一直非常稳定，大家也非常卖力。

这家公司的老板曾经专门为这件事询问我，因为他似乎也觉得这样的中高层激励办法过于简单，担心做得"不科学"。我对他说，你这个做法很好，既然一直有非常好的效果，就可以坚持下去。管理不在于有多少制度，更不在于繁文缛节，能够直指人心，有效激励人的管理就是好的管理。这位老板很高兴听到我的肯定意见，并将自己的方法坚持了下来。

2．人本主义与制度主义

人本主义讲究尊重人性，充分发挥人的潜能、发展人；制度主义者讲究制度的约束，让人服从于制度。

对于企业管理的问题，人们最常说的是企业的"人治"与"法制"，企业普遍希望加强制度建设，减少"人治"的影响。

人对制度的服从表现为个体的人对制度的服从，而作为企业集体的人是超越制度的，因为制度本身是要服务于人的目的，服从于人的。制度是由人来创造和改革的。

企业是一个有生命的有机体，仅仅拥有完备的组织体系和管理制度是不可能成就优秀企业的，更不可能成为卓越的企业。道理很简单，组织体系和管理制度并不能自主地"进化"，企业的"进化"只能是由人推动的，没有进化就没有适应，没有适应也就没有办法生存，更谈

不上发展。因此，作为企业集体的人是超越制度的，否则企业就会因制度而僵化。

对制度的超越必然要由代理人来完成，他们通常就是企业的决策人或决策集体。因此，在某种意义上，企业决策人或决策集体必然是位于制度之上的，他们的行为不可能完全受到制度的制约。

既然制度不可能完全制约最高的决策群体，那么又如何形成有效的约束体系呢？答案只能是除了强化制度约束外，还要依靠最高决策集体的自我约束，也就是通过发展最高决策集体的领导素质来实现他们的自我约束。这就是人本主义的精神最终是超越制度主义的。

因为高阶层领导者在某种意义上可以（甚至有时也必须）超越现有的制度，因此，防止领导者腐败或权力的滥用需要通过加强领导者的道德修炼完成，这就是为什么要在高层领导干部中强调"德才兼备，以德为先"的原因。

对高层领导者德的要求，首重使命感。透过人本主义与制度主义两者的关系辨证，在此对"德"与"才"两者谁更重要展开一些启迪性的观点。德与才都重要，但德与才都是围绕组织的目的性服务的，哪一条能够更有利于实现组织的目的，哪一条就更为重要。人在企业中的角色不同，德与才各自的重要性是不同的，这取决于制度约束产生效果的程度。

对于能够通过制度有效约束的职位角色，人的才能更为重要。比如，一个操作工，重要的是他有没有从事这项工作的技能，能不能做好本职工作。如果存在着清晰的可考核框架，他的工作行为基本上都可置于制度的约束之中，那他即使道德素养不高（极端的道德败坏当然也不行，我们假设他还是个理性人，只做对自己有利的事情，不做损人不利己的事），在绝大多数情况下他也能履行工作职责；而一个企业一把手，因为无法完全靠制度约束他的行为，对其道德的要求就应很高，德比才更重要。

对制度的重视本身并无错误，但绝不能提倡制度至上主义。有些干部，不注重发展人，而热衷于单纯的制度建设，只希望通过流程、制度、信息化等手段使工作有章可循，认为这是做好工作的法宝，这就颠倒了人与制度的关系，是不科学的。任何时候，都要将开发人的才智，发展人的能力放在首位，当然这其中不要忽视制度建设。前文提到的为中高层经理发红包的老板，并不是靠一套制度体系，而是靠自己的价值判断，确定每位中高层经理的奖金数额。这也验证了中国的一句古话："公道自在人心。"

第三节 速度创造效率

幸福企业是成果导向的，也必然是效率导向的，而速度是效率的直接来源。

爱因斯坦在其具有划时代意义的相对论中提出了一个公式"$E=MC^2$"，这是质量与能量的转换方程，即能量等于质量乘光速的平方。拿破仑说："军队的力量与力学中的动量相似，是质量与速度的乘积。快速的行军，能够提高军队的士气，足以增加取胜的机会。"

中国家电产业在20世纪90年代的竞争中有一个经典的案例，那

就是"TCL以速度抗击规模"。

在TCL有一种说法："要么是快的公司，要么是死的公司。"TCL用速度，如产业调整速度、市场反应速度、物流速度、生产速度、信息传播速度等，来和对手竞争。这是TCL的一大经营特色。

TCL原本是1981年广东惠州的一个靠5000元借款起家的小企业，20年后却成为销售额超200亿元的大型企业集团，无疑是国内速度制胜的典范企业。TCL曾在外部咨询顾问的建议下，明确提出"以速度抗击规模"的策略，自20世纪90年代初期，TCL在市场反应速度和运营效率方面，即资金流、信息流、物流的速度在国内同行中具有领先一步的优势，TCL的运营效率和发展速度就是与国际同行相比，也毫不逊色。正是利用速度优势，TCL打败了比自己强大许多倍的对手，包括康佳、长虹等，成为国内黑色家电中的老大。

TCL有一连串令人瞩目的发展高速度：

1985年TCL电话机问世，4年之后实现全国销量第一。

1993年TCL王牌彩电面市，三年后进入全国三强，2000年成为国内彩电市场销量第一名。

TCL集团2002年上半年销售收入同比增长59%，利润增长98%。

TCL可以说是创造了一个又一个的速度奇迹。

对企业而言，速度的重要性是不言而喻的。企业竞争对速度的要求与军事竞争相同。特别是随着信息技术的广泛应用，整个社会生活和企业竞争节律都大大增强了，速度的作用显得尤为突出。管理中的KISS原则（keep it simple and stupid，直译成中文的意思是保持简单和质朴，即做事要简单明了），越来越受到重视。

成功的企业几乎都强调速度的重要性：

GE提出"简单、自信、简化"。

海尔提出"迅速反应，马上行动"。

联想在"高效"中要求"零等待"的工作风格。后来提出，"每天我们都比对手进步快一点"。

企业的速度在总体上包含以下两个范畴：决策的速度和实施的速度；组织的速度与个体的速度。

影响企业速度的因素主要包括以下8个方面：扁平化的组织结构，简化的管理，流程的优化，营销渠道的改进，高效的决策体系，适当的授权，个体的能力与个性，产业环境等。

1. 扁平化的组织结构

组织结构的扁平化，一方面会有效地减少管理者的数量，从而减少管理的成本。另一方面，结构的扁平化有利于形成企业对客户和环境的快速反应。

但实现这一点取决于几个条件。除了组织体系设计的合理性之外，有两个重要的因素：诚信和各级管理者的素质。

只有拥有坚实的诚信基础，中央集权的领导体系才敢于进行更多的分权和授权，没有充分的分权和授权，组织就不可能实现扁平化。缺乏诚信基础的授权，是"皇帝的新衣"，只能自欺欺人。

各级管理者的素质同样制约着组织结构的形态。如果各级管理者的领导能力强，他们就能够管理更多的下属，从而使组织扁平化。

2. 简化的管理

管理的简化是指在管理中减少繁文缛节，尽可能减少监督、沟通和控制。微软创办人比尔·盖茨说："管理的真正进步，体现在通过削减文山会海，简化办事的过程，从而使事情的办理速度明显加快。但公司管理人员必须认真思索自己应当如何管理好项目，如何及时了解顾客的评价，而且应当乐意运用这些数字工具，允许信息以一种摆脱森严等级的方式传入公司。"

管理简化的实现主要依赖于三个条件：一是统一的价值观和目标；二是信任关系；三是熟识中建立的默契感。组织行为学的研究表明，拥有明确的价值观和目标的员工，能够更有效地采取行动，因而提高工作的效率。坚实的信任关系，是简化监督和控制的基础。

工作中的默契感同样重要。《美国海军陆战队教战守策》上说："我们的指挥哲学，也非常强调要充分利用人类沟通的默契。我们相信有默契的沟通，会比用文字详细和露骨的命令式沟通，来得更为迅速和更有效率。所谓默契式的沟通，讲究的是相互了解的基础、仅使用一些易懂的字汇，甚至往往能够心照不宣就达成沟通。我们透过彼此的熟识和信任，培养大家的默契；而要让彼此感到熟识和相互信任，则必须建立在大家拥有一个共同哲学与经验的基础上。"

总体上，管理的简化主要依赖于诚信精神塑造和一致的价值观。

3. 流程的优化

流程的优化能够提高速度和效率，这也是人们常常热衷于流程再造（BPR）的原因。但流程的优化涉及部门之间的沟通和协作，同样需要在部门与部门之间建立信任和默契。

4. 营销渠道的改进

直销方式从路径上看最短，如果操作得当，可以比分销和代理的方式更具速度和效率。以美国DELL公司为例，它改过去传统的分销方式为直销方式，在短短的数年间就击败康柏、IBM、惠普等PC巨头，成为PC制造商中的老大。这正体现了计算机制造领域关键竞争要素是速度的规律。

5. 高效的决策体系

决策权相对集中的决策体系拥有更高的效率。军事组织就是高度集权的决策体系，它的决策效率很高，速度也能够很快。未来企业发展，与军事的斗争环境越来越类似(因为变化更迅速需要更快速的反应，同时，变化的迅速也使环境的不确定性增加)，因此，决策应当是尽可能地集权。但集权决策的不利之处是增加了风险，这就要求各级领导

者提高素质，以便能够承担起决策的责任。同时，为了实现更多的集权决策，领导者还必须拥有高度的权威。

所以，一个决策体系的高效与否，一方面与决策的方式有关，另一方面还与领导行为关系密切。归根结底，提高决策的效率依赖于各级领导者素质的增强和领导权威的建立。

日本曾在20世纪70年代获得高速的发展，甚至一度引起美国的担忧。但为什么它在信息时代却落后了呢？一个重要的原因是，在信息时代，对速度的要求大大提高了，而日本企业传统的民主决策体系因为效率低下，难以适应这个时代的剧变。

6．适当的授权

授权有助于简化管理，但正如上面所说的，授权必须建立在诚信的基础上，同时也依赖于下属的成熟。

7．个体的能力与个性

从个体上看，速度来源于个体的能力。个体素质的增强当然会提高劳动的效率，提高速度。

从个性上看，个体决策和行动的速度都主要取决于是否自信。因此，提高速度便要求员工具有自信的品质。同时，企业也有责任培养员工的自信心。

8. 产业环境

产业环境对企业的发展速度和内部运营速度都有显著的影响。尤其是对企业的发展速度影响更大。国内外高速成长的企业大多处于高速增长的产业环境。比如国外的微软、DELL、CISCO，国内的联想、华为等，它们多处于快速增长的IT产业。

以上简单分析了速度的重要性及其来源和基础。可以看得出，速度与企业统一的价值观、诚信的精神、员工的素质、领导行为、决策体系以及自信的品质等文化层面的事项关系重大。这就是为什么看起来都同样运用了科学管理的企业，在速度和效率上仍然差异巨大。

9. GE 的"速度、简单、自信"的价值理念

GE是一个强调速度的企业，通过建立高度的诚信、精简结构、电子商务、无边界组织等运动，GE已能将一个庞大的企业像一个小企业一样运转自如。如今，"速度、简洁、自信"已成为GE员工的信条，正如韦尔奇所言："速度非常重要，我们每天都进步得更快。我相信以后的权威会写文章讲今天的通用电气的步伐与明天的通用电气的迅雷之势相比是如何的迟缓甚至吃力。"

精简、速度和自信原则——"成功属于精简敏捷的组织。"韦尔奇相信，充满自信的一群人可以用简洁的语言与人交流，用令人激动的

话语去激励别人,以迅速、果断的行为去抓住每一个机会。自信可以使复杂的问题简单化,而简单的程序可以保证快速的应变。他的这个一贯主张的速度原则是:最少的监督,最少的决策拖延,最灵活的竞争。

在韦尔奇看来,"精简"的内涵首先在于内心思维的集中。韦尔奇要求所有经理人员必须用书面形式回答他设定的5个策略性问题。扼要的问题使你明白自己真正该花时间去思考的到底是什么;而书面的形式则强迫你必须把自己的思绪整理得更清晰、更有条理。其次,是外部流程的明晰。韦尔奇要求为各项工作勾画出"流程图",从而能清楚地揭示每一个细微步骤的次序与关系。对于速度,韦尔奇常用"光速"和"子弹列车"来描绘。他坚信只有速度足够快的企业才能继续生存下去。迅捷源于精简,精简的基础则是自信。对于自信,韦尔奇给予了极大的重视,他甚至认为"永远自信"是美国能够领先于世界的一大法宝。

为实现组织结构的精简,韦尔奇对GE的组织结构进行大幅度的改造。在1980年底,GE是一个正规而庞大的官僚机构,有多达25000多名管理者,从生产工厂到韦尔奇中间有12层的层级,有130多名管理人员拥有副总裁或副总裁以上的头衔。改造后的GE从生产车间到CEO之间只隔了6个管理层级。组织的精简大大提高了GE的速度和效率。

企业响应速度的快慢在很大程度上取决于企业有无畅通的沟通机制,没有顺畅的沟通就谈不上敏锐的应变。因此GE致力于建立无边界企业,扫除沟通中的各种障碍。韦尔奇说:"我们希望人们勇于表达反对的意见,呈现出所有的事实面,并尊重不同的观点。这是我们化解矛盾的方法。良好的沟通就是让每个人对事实都有相同的意见，进而能够为他们的组织制订计划。真实的沟通是一种态度与环境，它是所有过程中最具互动性的，其目的在于创造一致性。"无界限行为的目的就是拆毁所有阻碍沟通、阻碍找出好想法的"高墙"。它是以这些理念本身的价值，而非依照提出这些理念的人所在层级来对其进行评价的。

第四节 信息化的时空观、战略观

创建幸福企业需要善于利用一切有利于提高组织效率和效能的工具，信息化就是这样的一种重要工具。

信息化对组织的生存与发展具有战略意义，有关这一点可以从组织存在的三个必要条件进行理论的推演。

社会系统学派代表人物巴纳德提出了组织存在的三个必要条件：共同的目标、贡献的意愿、信息的沟通。根据巴纳德的理论，信息的沟通成为组织存在的三个必要条件之一。

本书认为，信息化对企业具有战略意义，这是一种新的时空观。宇宙万物的运动，包括企业的一切活动，都是在一定的时间与空间范畴展开的，而企业运营的效率，与时间和空间都有着极大的关系，信息化是一种对时间和空间"超越"的工具，它可以起到节约时间，缩小空间的重要作用，从而促进效率的提升。

信息化可以提升组织的运营速度。在生产制造型企业中，供应链和销售链往往有多个环节，这造成了流通的时间约束。但在这样一个

快速变化的社会,对市场和客户反应的速度是至关重要的,速度慢了,就可能失去客户,失去市场的主导权。

1. 淘宝网对传统商城的超越

淘宝网是亚太地区最大的网络零售商圈,它致力于打造全球领先网络零售商圈,是由阿里巴巴集团在 2003 年 5 月 10 日投资创立的。2010 年淘宝网注册用户已达到 3.7 亿个,在线商品数达到 8 亿件。同时,以淘宝商城为代表的 B2C 业务交易额在 2010 年翻了 4 倍,未来几年也仍将保持这一增长速度。淘宝网单日交易额峰值已达到 19.5 亿元,分别超过北京、上海、广州三地社会消费品零售单日额。

淘宝网在不足 8 年的发展历程中,已经实现了对传统商城的巨大超越,这种超越就是信息化对时空超越的具体体现,传统的商城需要巨大的异域的物理空间组合才能实现对数亿商品的承载、展示和销售互动,而网络世界只需要巨大的信息加工能力及海量数据储存就解决了物理空间的问题;在时间上,网络世界可以实现商品的即时搜索、展示以及买卖交易,而传统的商城无法实现这一点。

当然,淘宝网的成功除了充分利用信息技术外,还有许多方面的做法符合我们所倡导的幸福企业的基本特征。淘宝网提倡诚信、活跃、快速的网络交易文化,坚持"宝可不淘,信不能弃"的原则。在为淘宝会员打造更安全高效的网络交易平台的同时,懂得善于利用哈客模式创造机会,为更多网民提供了就业机会,为缺乏财富基础的人提供了实现梦想的可能。淘宝网也全力营造和倡导互帮互助、轻松活泼的家庭式氛围每位在淘宝网进行交易的人,不仅能使自己的交易更迅速高效,还能交到更多朋友。目前,淘宝网已成为网民网上创业和以商会友的首选。2005年10月,淘宝网宣布:在未来5年,为社会创造100万个工作机会,给无数大学生提供就业机会,帮助更多网民在淘宝网上就业,甚至于创业。到2007年,淘宝网已经为社会创造超过20万个直接就业的岗位。

2. TCL"以速度冲击规模"的信息化基础

TCL在20世纪90年代创造的"以速度冲击规模"的模式不仅使TCL的市场地位大大提升,而且对后来的家电行业产生了深远的影响。TCL"以速度冲击规模"的实现,是充分利用信息技术实现的。通过对营销网络的不断改造,营销方式的不断创新,尤其是销售计算机信息系统的建设,使这一网络的效率不断提高。1997年,彩电销售的资金周转速度是72天,1998年就降到不足60天;电工产品的是35天,1998年压缩到20天。2001年彩电销售的资金周转天数已经下降到30天,同时公司的销售人员减少了一半。TCL电脑的销售货款原来从代理商到公司需要2~5天,现在24小时内到账。

TCL一高层负责人说:"为什么我们的彩电能够赚钱?产品制造成本我们比别人低不了多少,但资金转得快、费用率降低,利润就出来了。"

1998年3月,TCL彩电销售不太理想。但借助进销存计算机软件系统反馈前端信息仅10天时间,TCL就制定出应付措施,并付诸实施,使4、5月份的市场销量马上上升,并且比1997年同期提高了40%。

第五节 竞争，使企业进化

自达尔文《物种起源》发表以后，人们认识到竞争是一种自然的法则——竞争无处不在。

生物进化的过程，是自然选择和生存竞争的过程。正是因为生存竞争才促进了物种的进化。事实上，是物种与物种之间的竞争，导致了物种内部之间的竞争。

比如，在非洲大草原上，狮子和斑马进行着生存竞赛。狮子往往会捕捉到跑得最慢的那一匹斑马，所以一匹斑马要想不被狮子吃掉，它就得努力比其他的斑马跑得更快，斑马和斑马要进行直接的竞赛。就是说，动物世界的生存竞争，从物种与物种之间的竞争自然地延伸到物种内部的竞争。

企业与企业的生存竞争与生物世界的生存竞争一样，强大的才能生存发展，经营管理不善必遭淘汰。

为了使企业有竞争实力，也必须将企业外部世界的竞争转化为企业内部的竞争。造就卓越必须从内部竞争开始，这是企业生存竞争的法则。作为内部竞争的一种形态，世界500强企业大多数都建立了业绩评估的制度，许多企业的业绩评估制度还实行强制的分类，区分出最好的和最差的，并实施差别性较大的奖励或处罚。

第七章
幸福组织学五项修炼

1. 麦肯锡咨询公司

麦肯锡严格奉行"不晋则退"的人事原则，凡未能达到公司晋升标准的人员，公司会妥善劝其退出公司。即使升到董事也不意味着不再变化，董事也会被考核。公司几乎所有的高级董事和董事都是通过了6～7年的严格培训和锻炼后，从咨询人员中精心挑选出来的，成为董事的几率大约是5～6人中有一个可能会晋升为董事。当然如果董事干不好，同样会被请走。这种激励机制在麦肯锡内部被称为"up or out"。

2. IBM公司

IBM的老板老沃森非常重视内部竞争，他采用的内部竞争方法容易使人想起所谓的"克里斯托弗法"。据说1815年海地有一个黑人革命领袖，名叫克里斯托弗。他为了修筑堡垒，命令10人排成一行，把相当沉重的巨石拖上山顶，而他则站在后面射击每一行中工作节奏最慢的一名。因此，幸存者就拼命地工作，以免沦为第10个。

IBM在业务不断扩大的同时，需要不断雇用新推销员，而且给新推销员的定额总是比老推销员高一些。假如谁完不成定额，就会受到惩罚。老沃森为那些完成定额的推销员组建了一个"百分之百俱乐部"。只有百分之百完成推销定额的推销员，才有资格成为俱乐部的成员，

而俱乐部的成员能够享受种种特殊待遇。

对于连续三年完不成定额的推销员,公司就将他调离推销部门,另外安排工作,或者进行所说的"冰冻处理",也就是停止你做任何业务工作,直到你自己因苦闷而主动辞职。

内部竞争是在内部合作基础上的竞争,是协同中的内部竞争,协同与竞争相比处于更核心的地位。因此,企业内部竞争也应有自己的限度。在小型组织中,由于亲密性以及营造的高度责任精神甚至是牺牲精神的存在,使内部竞争性有时并不显得十分突出。

有人可能会想为什么在本书中提出的八项原则中不提"团队合作",反而提"内部竞争"。主要有两点考虑:一是内部竞争还没有引起广泛的重视,二是团队合作其实是一种"中间产品",如果能够在企业中塑造坚实的诚信精神和共同信念,则团队合作就水到渠成。由于"诚信"和"信念"这两条原则已经包含在八项原则中,所以并不十分需要阐述团队合作。

许多企业在做法上实质是刺激内部竞争的,但为了避免竞争引起的政治化,也不明确地宣扬内部竞争,就像很多企业很少明确地强调要为老板谋求经济利益,而是强调为客户服务,为员工创造价值一样。

3．GE 的内部竞争

GE 内部竞争体现在韦尔奇的竞争观念,CEO 及各级领导者选拔及各级人员的业绩评估上。

保留最好的,剔除最弱的。韦尔奇崇尚竞争,他将体育的竞争精

第七章
幸福组织学五项修炼

神带入企业。他说:"奖赏那些最好的人才,同时剔除那些效率低下的。严格执行区别对待确实可以产生真正的明星——这些明星可以创建伟大的事业。……有些人说区别对待的做法会严重影响团队精神。但在我看来这是不可能的。你可以通过区别对待每个人而建立一支强有力的团队。每个人都必须认为比赛里有自己的一份,不过这并不意味着队里的第一个人都应该得到同等对待。……早在匹兹菲尔德的日子里,我便深刻地体会到比赛就是如何有效地配置最好的运动员。谁能够最合理地配置运动员,谁就会成功。这一点对于商业来说没有任何不同。成功的团队来自区别对待,即保留最好的,剔除最弱的,而且总是力争提高标准。"

GE对人的管理,有着一整套的游戏规则、体制和制度。它们的核心就是"区分"。GE这种"区分"被称之为"活力曲线"的业绩考核办法,即在每一个评估和奖励机制中都把员工分成三大类:顶尖的20%,中间具有良好业绩的70%以及底层的10%。通用电气的领导们知道有必要鼓励、激励并奖励顶尖的20%员工,并且确保激励具有良好业绩的70%员工能更上一层楼,但领导们也同时有决心以人道的方式每一年换掉底层的10%。这才是创造精英人才并使之兴盛之道。

第一,优胜劣汰的原则超越终身雇佣的原则。

在GE,优胜劣汰的原则超越了终身雇佣原则。在20世纪80年代初GE实行"数一数二"战略时,GE要求所有的事业部都能在各自的业务领域内做到数一数二,否则,就会被整顿、出售或者关闭。在实施数一数二战略时,韦尔奇首先着手改革内部管理体制,减少管理层次和冗员,撤换了部分高层管理人员。此后的几年间,砍掉了

25%的企业,削减了118000名员工,大约相当于GE全部员工的四分之一。

在韦尔奇看来,产业社会是一个充满竞争的领域。没有任何一家企业成为就业的天堂,除非它在市场中获得胜利。对于终身雇佣制,他甚至有些辛辣地说:"任何一个公司,如果认为它可以提供终身的工作保证,那么它就走进了一个死胡同。只有满意的客户,而不是公司,才能给人们提供工作保证。现实会无情地撕毁公司与它的员工之间曾经存在的隐性契约。这些'契约'意味着企业对员工的终身雇佣,意味着父爱般的、封建性、难以名状的忠诚,意味着如果你把时间交给企业并努力工作,那么企业将照顾你的一生。"

第二,CEO的选择更是竞争的产物。

GE内部的人才竞争是空前激烈的,从最高层的CEO选拔到各级领导人选拔都是如此。为选拔CEO,韦尔奇的前任雷金纳德·琼斯,花了数年的时间才把当时被认为"离经叛道"的韦尔奇挑选出来。在这个漫长的竞争过程中,有利于发掘出真正的领导者。雷金纳德·琼斯早在1974年就开始选择自己的继任者,最初的名单上有19个候选人,没有韦尔奇,到了1975年,名单上只剩下10个人,仍然没有韦尔奇。1979年1月,雷金纳德·琼斯对韦尔奇开始了第一次著名的"飞机面试"。此后还有一番十分复杂的过程,才最终将韦尔奇确定为自己的接班人。除了最高层次的CEO选拔赛采用竞争的方式,其他各级领导人的选拔,也都是建立在业绩评估等复杂的竞争之上。人们常常听说的提拔A、保留B、淘汰C,正是残酷竞争的写照。GE强烈的内部竞争机制不但使GE的业绩强大,同时也造就了无数个成功的经理人员。在竞争中成长起来的 GE 经理，将世界 500 强 CEO 的位置占去了三分之一。

4．竞争是否有悖幸福

本书的宗旨是探讨如何创建幸福企业，有人会觉得企业内部的竞争会影响人的幸福。我们认为竞争不仅不会影响幸福企业的创建，反而是幸福企业建设的必要条件。

第一，幸福企业的创建并不是对于个体而言，而是对企业整体的发展状态而言，在竞争中失利的是极少数，多数人通过竞争的机制获得了成长。

第二，没有竞争，而使平庸无能或道德低下的人担当重任，或享受好的待遇，那将是对优秀人才的最大不公正。

第三，企业中的协同永远是超越竞争的。为此，企业内部的竞争必须有章可循，而不至于使企业内部大量的政治化。

第四，通过竞争，使企业整体得到了进步，那些在竞争中被淘汰的人，即使不能被企业任用、奖励或者提升，相对于自己而言，仍然是进步了，即使是最坏的下岗，由于他自身的素质得到了提高，他在社会上还是能够找到其他职业。

企业在通达幸福的道路上，时刻伴随着竞争，并要在竞争中建立起自身的优势和实力。软弱涣散和碌碌无为只能导致企业的衰败甚至消亡，那样就完全偏离了幸福企业的道路。本章的内容，是从幸福企

业的概念出发,对组织管理进行新的探索和思考,这种思考,明确地否定了那些可能滋生的类似"懒汉式"的幸福思想。一个企业的幸福,无法回避竞争,而竞争优势的建立,是以每一个员工心灵的强大、群体的合作以及高效的工作作为基础的。

第八章 幸福的领导者成为下属的导师和伙伴

> 一头狮子领导的一群山羊，能打败一头山羊率领的一群狮子。
>
> —— 拿破仑

第一节 领导者与被领导者

领导永远处于组织的核心地位。领导力正在成为生产力的中心环节。一个企业的伟大是从伟大的企业家开始，一个团队的卓越要从卓越的团队领导者开始。造就卓越的领导者是杰出企业与普通企业的重要区别。

1. 没有杰出的领导就没有杰出的企业

发展一个企业就如同滚雪球，都是从一个小的核心开始，然后通过点点滴滴的汇集，不断发展壮大的。但企业大到一定的程度后，往往就停滞不前了，甚至还会因为规模过大，内在的控制力和凝聚力不足而崩溃。这和滚雪球也是一样的，雪球往往会在大到一定程度时自

然崩溃,崩溃是由于核心凝聚力不足造成的。企业壮大的过程,也是一个围绕核心发育的过程。而企业发展的停滞和解体,则是由于核心凝聚力不够而产生的。这说明,领导是企业发育的关键,而领导力的强弱又决定了企业成长的程度和极限。早在1985年彼得·德鲁克在他的《创新与企业家精神》一书中说:"我们需要一个企业家社会,在这种社会中,创新和企业家精神是一种正常的、稳定和持续的行为。正如管理已经成为当代所有机构的特定工具,成为社会进行组织工作的整合的工具那样,创新和企业家精神也应该成为社会、经济和组织的维持生命活力的基本行为。"

有一个猫和老鼠的故事说,猫因为吃老鼠而引起老鼠们的极大愤慨。老鼠便召开大会讨论如何对付这只罪大恶极的猫。他们最后想到了一个一致同意的好办法,那就是将铃铛系在猫的脖子上,这样老鼠便可以及早发现猫,及时逃命。但这个大家都认为很好的办法最终没法执行,因为谁都没有能力将铃铛系在猫的脖子上。

企业管理学似乎是一个缺乏真理标准的领域,一些似是而非的观点经常装扮成真理。前些年有本著名的畅销书叫做《基业长青》,两位作者柯林斯和波拉斯在书中声称企业不需要高瞻远瞩的领导者,他们强调领导者最重要的事情是创造一个伟大的组织。如果仔细分析,就会发现他们的观点和老鼠计划在猫脖子上系铃铛一样可笑。没有高瞻远瞩的领导人,如何能够统一企业的价值观,又何以能够基于价值观创建伟大的组织呢?归根结底,组织和文化都离不开领导的创造。

管理学中一般将组织定义为一种结构、系统、政策以及程序的网络。根据这种定义,似乎一个通晓工商管理知识的MBA就能将组织管理得井井有条。但事实并非如此。组织中真正复杂的是人，是人的动机、情感、态度、价值观。长期以来占有统治地位的理性主义管理方式（实质上也是刻板的"教条主义"），该让位于充满艺术和活力的领导了。正如夏尔·戴高乐所言："那些具有品格的人会放射出磁石般的力量，对于追随他们的人来说，他们是最终目标的象征，是希望的象征。"

2．领导者与被领导者

要成为幸福的领导者，就要在自己的领导过程中创造和谐，创造友爱，创造成果。领导者成为幸福领导者的必要条件，是与下属建立利益的共同体以及思想情感上的心灵交融。

领导者与被领导者之间是利益共同体，其对立冲突是次要的。

领导者是带动下属做事情的人，要对其所负责的整体工作负责，下属履行职责的能力和效果，部分地决定了领导者自身履行职责的能力和效果。

为使下属的工作富有成效，领导者必然需要承担起教育员工、服务员工和激励员工的责任。也就是说，改造下属的思想，提高下属的能力，塑造下属的行为，带动下属的成长，是领导者责无旁贷的。领导者要甘为下属服务，为下属完成任务提供资源、创造工作条件。领导者不能简单地下命令，而必须善于激励下属，激发下属的积极性、能动性和创造力。

作为下属，又必须有意愿服从领导者的心理准备。服从就是暂时

建 幸福企业

放弃个人的主观判断，全心全意地遵从组织的价值观念。下属对领导者的服从本质上说并不是服从于领导者个人，而是服从于组织的权威，领导者只是组织权威的化身，代表组织行使其命令权、决策权、任务分配权。没有下属的服从，就没有职责履行的可能，因此，服从是下属的天职。

在领导者与被领导者之间，领导者是关键因素。领导者领导的有效性并不是由个人的权力来保障的。领导者必须获得下属的追随，才能拥有更高的权威。领导者权威的有效性，是由权力、能力、人格魅力等因素共同构筑起来的，因此领导者必须不断地学习和加强修养。

领导者自身的角色也往往是领导者与被领导者的统一体，即领导中的执行，执行中的领导。即使是最底层的下属，他也拥有领导力，拥有成为领导者的潜质；即使是组织中最高的领导者，他也要服从于一个更大的权威，国家的领袖也还要服从于民众和国家。

组织中经常不可避免地出现领导者与被领导者之间的对立冲突，出现对立冲突的原因主要在于对两者相互关系认识上的偏差，没能明了各自的角色和定位，摆正两者之间的关系。

领导者个人能力低下和腐败是导致自身权威性降低甚至丧失的根源。指挥不当，累死千军的领导者以及道德败坏、假公济私的领导者是组织的大敌，是难以取得下属认可的。

领导者居于组织中心的地位，不论是采用集权的方法，还是采取分权的管理办法。组织总是由更小的组织单元构成的，在任何一个组织单元中，理论上领导者都处于组织单元的核心。从权威的来源看，领导能力是各级管理者权威建立的基础。没有权威性，会使企业缺乏

第八章
幸福的领导者成为下属的导师和伙伴

统一性和一致性。根据权威来源的理论，除了正式职位所确立的合法管理权力外，企业管理者的权威还来源于其个人魅力。如果缺乏领导能力，就不能真正地建立起管理者的权威，难以让下属追随，更无法点燃起员工投身事业的巨大热情。能够确立起权威而不只是行使权力，是领导者与管理者的重要差别，也是强调领导力的根本所在。

随着下属的成熟，我们也倡导更多的民主。在民主的框架下，领导者与被领导者就能更好地和谐统一。民主的本质是自我管理，强调更多的授权和对决策的参与，在下属相对成熟的情形下，民主确实是个好东西。

第二节 作为导师的领导者

古希腊最伟大的哲学家苏格拉底、柏拉图、亚里士多德，他们有着一脉相承的师承关系，柏拉图师从于苏格拉底，亚里士多德又师从于柏拉图，而横扫欧亚大陆的英雄亚历山大大帝曾师从于亚里士多德。名师出高徒是有一定道理的。

孔子的《论语·学而》中说："学而时习之，不亦说乎？"孔子的意思是说，学习到的东西，常常去练习、实践，不是很快乐吗？

社会上经常批评中国教育的失败。不仅在于中小学是一种应试的、机械式的、压迫式的教育，在大学本科教育和研究生教育，也缺乏启发式、探讨式及与现实密切联系的学习机制。孔子倡导在学习中注重实践体验快乐的理念，是一种伟大的学习观和进步观。

如果稍微用心研究一下历史,就会发现,那些本来比较平凡的人物,在参加了一场伟大的革命或运动后,变得成熟了,甚至成功了,他们的这种成长源于什么?

毛泽东可能是我们易于观察且易于被人们感受的一个样板。在他的时代,毛泽东被人们称为伟大的导师,而他自己似乎也乐于接受这样的称号。一位大众的导师,在某种意义上是真理的化身,其所言所行都代表着一种价值取向,也代表着对现实最清晰的认识。

毛泽东说:"真正的理论在世界上只有一种,就是从客观实际抽出来又在客观实际中得到了证明的理论。"然而,普通人并不具备伟大人物所拥有的深刻洞察力和驾驭规律的能力,因此向领导学习、接受领导教诲便是一种捷径。

在早期年代,共产党干部中没有多少人接受过正规的军事教育,多数是草莽出身。然而,在毛泽东的领导下,共产党军队的高级干部几乎个个成为骁勇善战的将军,超过了许多受过正规军事教育的国民党军官。

作为导师的毛泽东一直是用自己的思想普惠广大的共产党干部。从推动农民革命的《湖南农民运动考察报告》,到重建革命希望与信心的《星星之火,可以燎原》,到鼓舞中国军民抗战的《论持久战》,再到感召大众的"为人民服务"政治宣言,毛泽东始终以一个导师的身份引导人们向前。他的追随者们,也很自然地在他的影响下迅速成长。

我们把领导带动下属学习和进步的方式,称为"导师制",即领导成为下属的导师。这种导师制并不一定是企业以制度的方式确立,导师制存在于企业领导者与各级管理者的意识和自觉行为之中,关键是

第八章
幸福的领导者成为下属的导师和伙伴

看是否进行了这种实践。

领导者以导师的角色领导带动下属的成长，在全球的企业实践中，美国 GE 公司是一个杰出的代表。GE 在许多时候被人称为"CEO 加工厂"，足见其培养人才之能力。让我们进入历史，回顾一下 GE 公司的杰克·韦尔奇时代以及他作为领导者和导师的卓越行为。

GE 坚持"人先策后"，杰克·韦尔奇认为："让合适的人做合适的事，远比开发一项新战略更重要。这个宗旨适合于任何一个企业。我在办公室里坐了多年，看到了许多似乎很有希望却从来没有任何结果的策略，即使人们有世界上最好的策略，但是如果没有合适的人去发展、实现它，这些策略恐怕也只能'光开花，不结果'。"

韦尔奇本人认为他一生中最伟大的成就莫过于培育人才，他说："这是一家由众多杰出人物管理的公司。我最大的功劳莫过于物色这些杰出人物，而且是成批的杰出人物。他们比大多数公司的总裁要来得精明。他们非常杰出，这些一流的人物在这里成长起来，他们在 GE 如鱼得水。"韦尔奇认为自己的主要工作就是寻找合适的经理人员并激发他们的工作热情："我主要的工作就是去发掘出一些很棒的想法，扩张它们，并且以光速般的迅捷将它们扩展到企业的每个角落。我坚信自己的工作是一手拿着水罐，一手带着化肥，让所有的地方变得枝繁叶茂。"

GE 重视领导行为，可以从它历任功名卓著的董事长以及众多 GE 员工成为世界 500 强企业的 CEO 获得验证。

建幸福企业

1. CEO 加工厂

　　GE 培养管理人才的著名体制早已形成，而且根深蒂固。GE 的前几任总裁都是当时了不起的经营改革家，平均每人在位 14 年。比如，在 20 世纪二三十年代成为 GE 第二位董事长的欧文·杨，就是个非常成功的领导人。甚至当时很多政治家想鼓动他竞选美国总统，但是他拒绝了。韦尔奇的前任雷金纳德·琼斯也是个了不起的 CEO，在美国名声卓著。对 GE 进行深入研究的詹姆斯·柯林斯说："我把韦尔奇看成是 GE 的产品，而不把 GE 看成是韦尔奇的产品。"归根到底，GE 以人取胜——它有用不完的 CEO 和备用 CEO。

　　GE "盛产" CEO，重要原因是 GE 对培训的执著和信念。杰克·韦尔奇和 GE 的现任领导人杰夫·伊梅尔特，都是从 GE 开始他们的职业生涯的。GE 不是从惠普，也不是从 DELL 或 IBM 把他们请来，而是从大学里把他们招聘过来，然后进行培养。GE 给了他们很多机会、培训和挑战。

　　据调查，500 强企业的总裁有三分之一来自 GE，许多人都做出了同样辉煌的业绩。但是，这些人还只算是 GE 所培养的领导人的冰山一角。GE 还培养了数不清的其他各类企业的领导人以及大量的企业老板。

　　从某种意义上说，GE 的每一个员工都是一个领导者。GE 是一个造就领导者的企业。

第八章
幸福的领导者成为下属的导师和伙伴

2．花费至少一半的时间用于培养领导人

韦尔奇鄙视官僚主义的管理者。他一反美国企业界长期以来形成的监视、监管、控制的管理风尚，而是采取积极的领导、激励和授权等方式，调动员工的激情和活力。韦尔奇曾经说过，领导人是 GE 最重要的产品，他花费至少一半的时间用于培养领导人。同时，韦尔奇亲自负责很多高层管理人员的绩效评估和职业生涯规划。他每年都非常仔细地审读 GE 最高层 500 名领导人绩效评估的结果及他们的职业发展规划。同时他经常利用战略研究会、预算研讨会和人员回顾会等机会来辅导高层主管。韦尔奇还制订了 4E 领导素质要求：充沛的精力(Energy)；激发别人的能力(Energizer)；敢于提出强硬要求——要有棱角和决断力(Edge)；执行的能力(Excute)——不断将远见变为实际业绩的能力。韦尔奇也严格按照 4E 要求对各级管理者进行考核。

3．亲自执教的杰克·韦尔奇

GE 按照领导人培养和发展的三个阶段要求，对内部经理人员进行培养。

第一阶段是进入某一领域的头 5 年。

这一阶段的主要目标是使得经理人员很深入地了解这个行业，了解其复杂性，接受具有挑战性的工作任务并获得成功。在这个过程中

建立信心。

在这一阶段，GE 主要提供初级培训项目，包括"财务管理培训"、"技术领导项目"等等，在头 5 年里帮助从校园里新招聘来的员工实现从大学到工作岗位的转变。这些为期两年的项目还提供领导能力的培训，并提供轮职机会，以使他们获取不同的工作经历，得到发展。

第二阶段是进入本行业 5～15 年。

这一阶段的培训项目，包括"新经理发展课程"、"中级培训项目"和"中级经理课程"，所做的就是让经理们成为真正的经理。在这一阶段 GE 教授管理技术、策略和技巧。GE 给学员范围广泛的有关公司整个业务的作业和任务，培养他们跨越职能部门看待问题的能力。在这些课程里，GE 利用内部管理人员教授课程，而并不总是依赖于职业教师。

第三阶段他们将成为该机构的决策者。

这一阶段，GE 设置了"高级经理发展课程（MDC）"、"商务管理课程（BMC）"、"高层管理人员发展课程（EDC）"，这三门课程是 GE 最高管理人员的发展课程。每门课都为时三周半，在纽约的克劳顿村举行。在杰克·韦尔奇担任 CEO 的 20 年中，GE 举办了 280 次此类课程，他每次都参加了授课。只有一次例外，那一次他在住院，刚做完心脏搭桥手术，那是 20 年中他唯一一次错过授课。每次讲课，他都要讲 2～6 个小时，教授领导能力。GE 相信教授领导能力的最好方式就是由领导人授课。此外，GE 用其他方式加以补充。这些培训项目在帮助学员学习和自我发展方面做得很不错。特别是 GE 的顶级培训项目，更为关注综合管理，关注机构的领导发展，关注文化变革以

第八章
幸福的领导者成为下属的导师和伙伴

及在机构中推进变革。

杰克·韦尔奇时代的 GE 管理实践，是一种倡导领导行为，反对僵化管理，并在领导行为中渗透导师意境的卓越管理模式。实践证明，这种模式是成功的，也是受人尊敬的，作为领导和导师，杰克·韦尔奇也是愉快的、幸福的，他满意地将自己这些卓有成效的做法写成《杰克·韦尔奇自传》，这本自传创下了美国自传体版权收入历史之最。

第三节 作为伙伴的领导者

伙伴的本义是指由共同的理想走到一起，是共同奋斗和值得信赖的朋友。

温故可以知新。让我们先从历史中找一些借鉴。

大家都非常熟悉《三国演义》，其中刘备的起家是倚重伙伴关系的。《三国演义》中说，当年刘备、关羽和张飞三个人，虽然刘备有皇室高贵的血统，但是在现实中三个人都是普通的老百姓，为了共同干一番大事业，他们认识到必须抱团打天下。于是，在一个桃花盛开的季节，选择在一个桃花烂漫的园林，举酒结义，对天盟誓，永远相互支持。

也许是作者罗贯中重视刘、关、张三人的出场的关系，也许是因为作者正统的扬刘（备）贬曹（操）思想的影响，也许是桃园三结义展现了"团结就是力量"，兴亡在人心的伟大真理，不管怎样，桃园三结义被放在了《三国演义》的第一章，就显示了结义的分量。

书中介绍，东汉末年，黄巾作乱，各诸侯出榜招兵破贼。刘备见了榜文长吁短叹，张飞见状，便喝："大丈夫不为国家出力，却在此长吁短叹，吾有庄园，愿同举大事。"紧接着，在酒店碰见关羽，而关羽也愿一同发难，便约于桃园结义。

解读这段文字，大概能够领略到以下几层含义：第一，刘备有革命的精神和理想，但深感个人势单力薄，因此只能叹息，"拔剑四顾心茫茫"。第二，张飞、关羽均有革命理想，三人由共同的理想联系到了一起。第三，因为革命的艰难，这个三人小组刚刚组建，还缺乏内在的紧密联系，所以采用古代通用的方法"盟誓结义"，这是一种借助对天地祖宗敬畏而形成的心灵契约关系。

经过桃园结义的刘、关、张事实上形成了一个小的势力集团，这个集团的领导者是刘备，关、张是被领导者，但他们这种领导与被领导的关系又带有浓厚的伙伴色彩，伙伴是基石。后来的事实证明，刘、关、张三人的伙伴关系，为推动刘氏集团的发展壮大产生了极大的正面作用。《三国演义》并非正史，所述也并非完全基于史实，但桃园结义的历史佳话仍然是人们向往和仿效的。

中国历史上的许多打天下的帝王，在其早期的革命生涯中都是靠伙伴关系发家的。刘备的祖宗汉高祖刘邦，在起家的时候与下属也没有太多的等级之分，只是后来平定天下后，才由叔孙通协助制定了宫廷礼仪，确立了君尊臣卑的关系。刘邦之后的汉光武帝刘秀、唐太宗李世民、明太祖朱元璋、清太祖努尔哈赤等都是靠着一帮伙伴起家的。

管理学研究的主要命题，就是如何将分散的、独立的个人结合起来，形成一个超越个人能力的力量。多数的管理学者，由于缺乏历史的视野以及人文基础的单薄，常常在管理的研究上进入所谓"科学管

第八章
幸福的领导者成为下属的导师和伙伴

理"的误区,过分注重理性和现实利益,对人与人之间情感世界和精神世界的深刻联系缺乏足够的认识和重视。

我认为,团队合作的基础,在于人与人之间深刻的心灵关系。如何创造领导者与被领导者之间的这种心灵关系,是一件非常重要的事。领导者是靠思想创造财富和价值的人,思想的创造更依赖一种主动贡献的意愿,而难以靠强制或压迫。

靠伙伴共同创业成功的例子很多,国际上的著名企业如谷歌、微软、苹果,中国的复星、华为等。

发展伙伴关系看似简单,实际做到却不容易。我认为,领导者与被领导者的伙伴关系至少要有以下四个要求:发自心灵的彼此认同;适度的分权、分利;决策上从贤不唯权;人格的平等。

复星集团的郭广昌是一个与伙伴共同创业成功的代表。2011年3月29日,郭广昌在中国大学生自主创业工作经验交流会暨全球创业周峰会上发表演讲时就说:"首先我是一个创业者,1992年跟我的几个创业伙伴一起在上海创业。"郭广昌概括了自己与其他创业者关系的实质——伙伴。

关于领导角色,郭广昌有一个理念:"青年人最需要的不是个人英雄主义,而是集体英雄主义。我们这些人,能力上可能每人只能打70~80分,但是我们要做能力的加法和乘法,在复星,我们最大的愿望,是培养一批志同道合的青年企业家群体和一个朝气蓬勃的青年创业团队。"

解读上述郭广昌的理念,有三个关键词:"集体英雄主义"、"志同道合"、"朝气蓬勃"。集体英雄主义和志同道合是一种伙伴关系,而不是严格意义上的领导与被领导的关系。朝气蓬勃则是一种精神状态,这种状态是一种激情的、快乐的和幸福的状态。

郭广昌成功的一个重要方面,是在风云多变的商业世界中,保证了他的核心团队一直极其稳定和团结。郭广昌的创业团队共有五人,作为团队成员的梁信军曾说,他们五个人就像五根手指,哪根也少不得,五根手指攥紧就是一只铁拳!

复星集团的创业团队较好地解决了分利、分权以及在决策上从贤不从权的问题。"要将心比心,很好地跟团队沟通,不仅要看到对方的长处,更要容忍对方的短处。"郭广昌说。事实上,近20年来复星核心团队始终能密切协作,其根本原因正是多年来团队的分工明确,宽容和谐。在复星多元化的产业链条中,郭广昌是整个集团的灵魂,梁信军是副董事长兼副首席执行官,汪群斌是执行董事、总裁,范伟是执行董事、联席总裁。

在决策上,复星的原则是从贤,不唯权、不从众。复星注重的是团队管理。为避免外行领导内行、专业化的意见无法得到及时采纳,复星采取了分工授权的团队管理方式,决策权下放给了最专业的人士。这使得团队决策都是由团队里智商最高、最熟悉情况的人拟定的,真正实现了决策群体的智商高于个人智商。"作重大决策我们从来不举手表决,遇到矛盾时通过充分沟通以达成共识,没有形成共识的就放弃,从而做到科学决策。"复星集团副董事长梁信军说。

各级领导者是企业的中坚力量,创建幸福企业的任务首先落在了企业家和各级领导者的身上。建立领导者与被领导者之间深刻的信赖感、相互依持的关系以及共同成长的理念和机制,不仅有助于创建一个强大的组织,也有助于建立起组织积极健康的文化生态,而这种文化生态正是个人幸福所必需的。

第九章 幸福战略学：战略是一个扩张自我、创造希望的过程

> 无产者在这个革命中失去的只是锁链。他们获得的将是整个世界。
>
> ——《共产党宣言》

第一节 战略是创造未来和希望的过程

战略是一个创造未来的过程，也是一个创造希望的过程，它通过创造希望，为员工创造幸福。

战略的本义是对战争全局的谋划和指导。企业经营战略是指把战略的思想和理论应用到企业管理当中，为了适应未来环境的变化，寻求长期生存和稳定发展而制订的总体的长远计划。

在明茨伯格、阿尔斯特兰德和兰佩尔三位著名管理学者所著的《战略历程：纵览战略管理学派》一书中，将十种不同的战略思维总结为十大战略流派，分别是：设计学派、计划学派、定位学派、企业家学派、认识学派、学习学派、权力学派、文化学派、环境学派和结构学派。

现实中的战略流派应当比明茨伯格所概括和描述的更多。本书从

幸福论的角度审视战略，把战略视为一个由理想牵引，创造未来和希望的过程，这种对战略的解释或可视为一个战略的新流派，即战略的幸福学派。

1. 理想与理想主义——重要的战略要素

伟大的事业都常常起始于伟大的理想。有时在事业发展的过程中，由于成功的不断积累，会激发出创业者更大的雄心壮志，使创业者提出更大的奋斗理想。美国福特汽车公司的创办人福特先生，在百年前的伟大理想就是让每一个美国家庭都拥有一辆福特T型车，从而开创了全球汽车工业的新时代。美国微软公司董事长比尔·盖茨创业之初的伟大理想是让每个人都用微软的个人软件系统，于是微软公司终成全球个人电脑软件的霸主。

理想主义是一种基于信仰的追求。在我们这个缺乏信仰与理想的时代，许多人将理想主义庸俗化了，把理想主义混同于不切实际，不讲利益的梦想主义。理想主义不是不切实际，而是不满足于实际；不是不讲物质利益，而是更注重物质利益之外的精神追求。理想主义者能够在废墟上看到希望，在黑暗中看到光明，在弱小处看到强盛，在一无所有时看到壮丽辉煌的前景。理想主义导引我们的生活，代表着明天与未来。没有理想主义，未来将失去方向，生命将变得盲目。没有理想主义，企业将缺乏远大目标的牵引，将难以形成强大的内生动力，企业将似风雨飘摇中的浮萍，没有根基，没有定力，只能随波逐流。

第九章
幸福战略学：战略是一个扩张自我、创造希望的过程

2．希望引导人们追求和调动自身的潜力

被誉为中国的五经之首的《周易》开篇就讲："天行健，君子以自强不息。"意思是，天道的运行刚健有力，君子应当接受伟大自然的启发，把天道转化为自己内在的精神品质，奋发有为，自强不息，积极进取。

管理就其本质而言，是一个顺应人性的积极过程。人性天然地需要自我扩张，需要创造未来和希望。一旦企业不能为员工提供一个有希望的未来，那么员工与企业共同进步的意愿就会降低。尤其是那些优秀的中坚分子，这些人往往是最注重自我的未来发展的，一旦他们看不到个人在企业中成长的空间和可能性，则可能会选择退出这家企业，或仅仅以消极的方式应对当下的工作。

3．华润集团：创造未来的希望

原华润集团董事长陈华新曾有一篇文章《创造未来的希望，营造成长的环境》，文中说："今年年初，我在与由华润总部职能部室负责人组成的行动学习考察组赴华润总部交流时，讲过几句话：'华润12万员工跟谁走？不是跟着哪个人走，是跟着希望走。有位同事写了篇文章《跟着希望走》，这句话不仅代表了很多华润员工的想法，实际上也是华润人常常思考的问题。'最近与三九集团一些同事沟通时，《跟着希望走》的内涵也引起了诸多讨论。"

"确实,每个人都追求希望,跟着希望走,不是跟着哪个人走。谁提供的环境能实现他们的梦想,他们就跟着谁。"

"那么,华润能给人希望吗?让我们的员工看到希望和机会,并把它们转变为个人的信念和敬业的精神与行动,这一直是我们的追求。"

陈华新董事长的语言非常朴实,他甚至也不是用管理的语言在谈管理,但文中所反映的战略思维却是十分有代表性的。"跟着希望走",这不仅是陈华新董事长一个人的心愿或决定,而是员工集体的心声。这种心声是一种普遍的、自发的、自然的本质需求,而用战略去创造希望,就是顺应这种普遍人性的过程。

第二节 描绘战略愿景的 GIVE 原则

理想与希望是激励人们奋斗的基本因素,而战略愿景就是人们理想与希望的蓝图。为了激励员工,企业战略愿景需要采用一定的原则加以描绘。为此,我提出一个愿景规划的四项基本原则,称为 GIVE 原则,即宏伟(Grand)、振奋(Inspire)、清晰(Vivid)、可实现(Executable),具备这四项基本的条件,愿景才能扣人心弦,激起斗志,掀动热情。

1. 宏伟(Grand)

一个愿景要能够激动人心,其目标首先必须具有神奇色彩,而不是平淡无奇,要能够超越人们所设想的"常态"水准,体现出一定

第九章
幸福战略学：战略是一个扩张自我、创造希望的过程

的英雄主义精神。因为每个人都有自己的生存意义，并追求自我的超越。远大的战略愿景一旦能够实现，便意味着组织中的个人的自我超越，是一种最高的自我实现。因此，愿景规划的真正意义在于，通过确立一种组织自我实现的愿景，将它转化为组织中每个人自我实现的愿景。而要达到"自我实现"，愿景必须宏伟。

比如，马克思主义学说中描绘的共产主义社会，在这种社会中，社会拥有极为丰富的物质财富，人们按需分配。这个愿景就很能鼓舞人心，因为它一旦实现，社会生活的一切都将为之改变。多么美好的世界！共产主义社会的愿景，具有显著的宏大特点。

2．振奋（Inpire）

表达愿景的语言必须振奋、热烈，能够感染人。

《独立宣言》中说："人人生而平等，造物主赋予他们若干不可剥夺的权利，其中包括生存权、自由权和追求幸福的权利。……新政府所依据的原则和组织其权利的方式，务使人民认为唯有这样才最有可能使他们获得安全和幸福。"

第二次世界大战期间，在德国强大的军事力量先后征服包括法国在内的欧洲多个国家后，直击英伦三岛。丘吉尔在国家危机时刻，就任英国首相，他向全国发表了坚定的充满必胜信念的演说，阐明了他的斗争立场和对胜利愿景的渴望，极大地鼓舞了军心民心。他说道："我没有别的，我只有热血、辛劳、眼泪和汗水贡献给大家……我们的政策就是用上帝所能给予我们的全部能力和全部力量在海上、陆地上和空中进行战争，同一个在邪恶悲惨的人类罪恶史上还从来没

有见过的穷凶极恶的暴政进行战争,这就是我们的政策。你们问我们的目的是什么?我可以用一个词来答复:胜利——不惜一切代价去争取胜利,无论多么恐怖也要去争取胜利;无论道路多么遥远和艰难,也要去争取胜利。因为没有胜利,就不能生存。大家都要认识到:没有胜利就没有大英帝国的存在,就没有大英帝国所代表的一切,就没有促使人类朝着目标前进的那种时代的要求和动力。我满怀兴奋和希望,担负起我的工作。我深信,人们不会让我们的事业遭到失败。在这个时候,我觉得我有权利要求大家支持我,我说:'起来,让我们把力量联合起来,共同前进'。"

可以想象,如果丘吉尔只是说"我们是正义的,我们要团结争取胜利,我们会胜利的",那种鼓舞的力量就会大大减弱。

人是有感情的动物,热烈的语言能激发出人们的情感力量。

3. 清晰(Vivid)

愿景还必须清晰、逼真、生动。愿景是一种生动的景象描绘,如果不清晰,人们就无法在心目中建立一种直观的形象,鼓舞和引导的作用也难以发挥。

比如,比尔·盖茨的"使每一个人桌上都放置一台电脑",亨利·福特的"使汽车大众化",都非常形象生动。福特还进一步表达他的愿景:"我要为大众生产一种汽车。……它的价格如此之低,不会有人因为薪水不高而无法拥有它,人们可以和家人一起在上帝赐予的广阔无垠的大自然里陶醉于快乐的时光。"

这段话让每个人都能想象得到那种生活的场景,而不仅仅是一种抽象的目标和结果。

清晰是愿景的本质特征。愿景是一种图景——一种可见的、可以清楚地想象到的结果,虽然各人的想象仍然可以不同。

4．可实现（Executable）

愿景"宏伟"的原则并不意味着愿景的规划必须十分夸张。相反,只有"可实现"的"宏伟"才有意义。"宏伟"与"可实现"有一定的冲突性,需要掌握好其中的平衡。

因为愿景不是单纯为了激发想象力,而是激发坚定的信念,所以如果愿景不能被认为是可实现的,就不可能有坚定信念的产生。正如巴纳德所说的："组织中的个体对组织的一般目的的理解或接受并不是十分重要的。但重要的是对事业的信念,而不是理智上对一般目的的了解。"

因此,设立的愿景一定要使成员相信它是可以实现的。这个"可信",并不是让社会中的每个人都相信,而是让组织中的人相信。如果组织成员不相信,则愿景不但不能产生鼓舞的力量,反而起到破坏组织中信任关系的作用。

让普通人看来不可实现的愿景被组织成员接受,有两种武器。

第一种武器是思想和理论的武器。《共产党宣言》中的共产主义为什么有人相信？是因为它建立在马克思博大精深的理论体系之上,有着深厚的思想渊源,所以才能成为人们的信仰。杰出的企业需要用理论和思想描绘未来。有了思想的根基之后,就能让未知的事物变得可以琢磨和触摸,让员工形成理论和行为的自觉。

第二种武器是由英雄人物塑造的传奇。福特的理想让"汽车大众化"能让他的员工相信吗?如果不是福特的提出可能就没有人相信。福特的成功,已经塑造了自己的英雄形象,因此,虽然他的目标大胆,似乎难以实现,但他的员工仍然对他描绘的愿景坚信不疑。在这种情况下,员工宁愿不相信自己,也不愿意不相信福特——英雄人物似乎是无所不能的,英雄能够改变别人的信念和观点。微软也同样是如此,盖茨让每个人都拥有一台电脑的想法与福特的汽车大众化一样,在他所处的时代看来,确实是非常超前的,但由于他们在自己的组织中通过塑造传奇而建立了英雄色彩,他们超乎寻常的行动和语言都变得可信了。

许多企业不懂得其中的道理,往往盲目地规划夸张的愿景,这就好像是中国古代成语所说的"东施效颦"一样,只能给人们增加笑料和谈资。若不是白马王子,就别总是想着娶一个倾国倾城的公主为妻。道理就这么简单,目标可以稍微刺激一点,大胆一点,但不能超越别人的置信范围,否则会适得其反。

从上述愿景规划的原则还可以产生一个推论:愿景是可以动态变化发展的。究其原因,是因为极少有人能够准确地预见未来。不用说一般人,即使是毛泽东这样伟大的人物,也不能完全预测自己的未来。他在年轻时候曾表示,能当个省长就觉得很不错了,没想到后来竟成为一个时代的领袖。愿景是以从当前看企业可实现的目标为依据来规划的,随着事业的发展,可能要重新确立更宏大的愿景(也可能是较渺小一点的愿景),这就是愿景动态发展的原因。当然,也不排除超凡人物在一开始就能够确立一个组织长期不变而又能实现的合适愿景。

愿景动态变化的例子很多。比如,联想刚成立的时候,并不像人

第九章
幸福战略学：战略是一个扩张自我、创造希望的过程

们想象的有什么伟大的愿景。柳传志当时也没特别强调是要实现"产业报国"的理想。谈到当初走出中科院去创办公司时，柳传志说："是因为憋得不行，想做点事。……我们这个年龄的人，大学毕业正赶上'文化大革命'，有精力不知道干什么好，想做什么，都做不了，心里非常愤懑。突然来了个机会，特别想做事。"只是后来随着发展，联想才提出"高举民族产业大旗"，"人类失去联想，将会怎么样"，"无论一大步，还是一小步，带动世界前进的脚步"等口号，使命感和豪迈才逐渐生发出来。

以下是几个企业的愿景示例：

波音公司，1950年，在民用飞机领域成为举足轻重的企业，并把世界带入喷气式时代。

索尼公司，20世纪50年代初，成为世界最知名的企业，改变日本产品在世界上的劣质形象。

菲利浦·莫瑞斯公司，20世纪50年代，击败RJR，成为全球烟草第一。

第三节　战略是基于信念的机会主义实践

从我个人的创业和多年从事管理研究和管理咨询工作的经验中发现，按照一些战略学派的理论框架来设计战略，许多时候是难以得到明确的结论的。因为社会问题的复杂性、变化性以及信息的有限性和非对称性，会使得预测未来变得十分困难。战略往往是一种基于信念的机会主义实践。

从认识论的角度分析，任何人在真理面前都是无知的。认识世界、掌握规律，必须通过实践。因此，从某种意义上说，企业发展的过程就是尝试的过程，一种学习的过程，一种失败的过程，当然也是一种成功的过程。毛泽东说："认识的真正任务在于经过感觉而到达于思维，到达于逐步了解客观事物的内部矛盾，了解它的规律性，了解这一过程和那一过程间的内部联系，即到达于论理的认识。……如果要直接地认识某种或某些事物，便只有亲身参加于变革现实、变革某种或某些事物的实践的斗争中，才能触到那种或那些事物的现象，也只有在亲身参加变革现实的实践的斗争中，才能暴露那种或那些事物的本质而理解它们。"

即使是世界上的伟大人物，对事物规律的把握也是经过艰苦的实践而形成的。毛泽东思想的成熟，是建立在中国革命两次胜利、两次失败的斗争实践基础上的。毛泽东指出："从党的建立到抗日时期，中间有北伐战争和十年土地革命战争，我们经过了两次胜利，两次失败。北伐战争胜利，但是到1927年革命遭到失败。土地革命战争曾经取得了很大的胜利，红军发展到三十万人，后来又遭到挫折，经过长征，红军由三十万人缩小到两万多人。……在民主革命时期，经过胜利、失败，再胜利、再失败，两次比较，我们才认识了中国这个客观世界。在抗日战争前夜和抗日战争时期，我写了一些论文，例如《中国革命战争的战略问题》、《论持久战》、《新民主主义论》、《〈共产党人〉发刊词》，替中央起草过一些关于政策、策略的文件，都是革命经验的总结。那些论文和文件，只有在那个时候才能产生，在以前不可能，因为没有经过大风大浪，没有两次胜利和两次失败的比较，还没有充分的经验，还不能充分认识中国革命的规律。"

第九章
幸福战略学：战略是一个扩张自我、创造希望的过程

即使像毛泽东这么伟大的人物，要得到对规律性的认识，也不能不经过实践，也不能不经历失败。何况一般的人呢？企业同样要经历实践才能建立对经营管理规律的认识，即使是那些伟大的企业也不能例外。

爱迪生发明电灯，实验了一千多次才成功。GE 变革创新，鼓励行动的精神可能也继承了其创始人爱迪生的优良传统。

亨利·福特为了制造出适合大众化的汽车，用英文的 26 个字母编号，从 A 型车、B 型车、C 型车……一直到生产了 T 型车，才获得巨大的成功。有意思的是，亨利·福特非常明白，他需要实践的尝试才能成功，所以早就为失败做好了充分的准备。

IBM 在计算机领域曾经只看重大型计算机，从而错过了 PC 发展最为有利的时机。

TCL 公司辉煌的背后曾经有 20 多个项目惨遭失败（包括成立的小公司）。而李东生总裁在"TCL20 周年成长反思研讨会"上，更将 TCL 错过进入通讯制造产业的机会作为 TCL 的第一大失误。

联想创办的初期曾受过骗，差点血本无归。1995 年香港联想亏损 1.9 个亿，几乎把联想推到了破产的边缘。联想前十年的战略也定义为"技工贸"，后来才调整为"贸工技"。为汲取经验教训，联想还专门编写了自己的失败案例，作为内部教学培训之用。

以上使我们更加确信，任何理论都只能是原则上的指导。没有实践，就不可能有对企业经营管理规律的深刻认识。为了掌握企业经营的规律，必须在实践中尝试。而实践中的尝试，必须为机会主义思想留有空间，否则会扼杀积极的冒险的行动。

达尔文的进化论说明"物竞天择，适者生存"。自然选择的过程并不是一种必然性的过程，而是一种偶然性的过程。当代大部分科学家

都赞同，进化就是变化，但并不一定向着"更高"的方向进步。自然有其随意性，我们不能违背自然规律。

生活中也会给我们带来同样的经验。比如，把一枚硬币抛向天空，它掉下来时正面是向上还是向下完全是随机的，你难以操控它。但如果你想让正面出现10次，便有办法。你只要连续地抛，如果你运气特别好，抛10次就可能办到，但运气不好，可能抛100次也办不到。但一般而言，你只要抛20次左右，就可能达到目标。这就是说，面对未知的世界，只要多去尝试、实践，就能增加成功的希望。

做企业也需要有这样的机会主义心态。所谓的企业家精神，其核心正是鼓励人们不断地尝试、冒险，在无数的成功和失败中，发展自我，完善自我。企业经营终究是一个充满风险的领域。

华为总裁任正非将华为的成功归结为机会大于自身素质与本领的成功。他认为华为必须再经历更多的实践，尤其是更多的失败后才能更成熟。任正非在《北国之春》一文中指出："华为成长在全球信息产业发展最快的时期，特别是中国正从一个落后网改造成为世界级先进网，处于迅速发展的大潮流中。华为像一片树叶，有幸掉到了这个潮流的大船上，是躺在大船上随波逐流到今天，本身并没有经历惊涛骇浪、洪水泛滥、大堤崩溃等危机的考验。因此，华为的成功应该是机遇大于其素质与本领。"

任正非继续说："什么叫成功？是像日本那些企业那样，经九死一生还能好好地活着，才是真正的成功。华为没有成功，只是在成长。华为经历的太平时间太长了，在和平时期升的官太多了，这也许会构成我们的灾难。泰坦尼克号也是在一片欢呼声中出的海。我们有许多员工在盲目地自豪，他们就像井底之蛙一样，看到我们在局部产品上

第九章
幸福战略学：战略是一个扩张自我、创造希望的过程

偶然领先西方公司，就认为我们公司已是世界水平了。他们并不知道世界著名公司的内涵，也不知道世界的发展走势，以及别人不愿公布的潜在成就。华为在这方面很年轻，幼稚，很不成熟。"

任正非的这段话也可能有一些谦虚的成分，但他说的确实也是事实。许多人看到一旦某些企业表面的成功，就将这些成功的企业看得神乎其神。有时候，媒体和企业出于种种原因，也在造神。如果大家仔细地分析国内外一些企业成功的诸多因素，一定能发现它们存在许多机会比较好的成分。比如：联想虽然是以 20 万元小本起家的企业，但它很快得到中科院计算所给的一个大合同；海尔起家时虽然亏损，但家底很大，很快有与德国合资合作的技术使品牌得到提升；TCL 虽然只以 5000 元起步，但在发展过程中从融资支持到各种政策扶持，从惠州市政府得到了数不清的便利。类似的故事和类似的企业数不胜数。

所以，看待成功和失败都要有平常心。既要知道企业家的精神、智慧、创造力、管理在企业经营中的巨大作用，也要看到超越个人甚至人类力量之外的不可控因素的重要影响。唯有如此，才能以现实主义的精神投入实践，破除经营管理的神秘主义。

实践中的机会主义并不是盲目的机会主义。要取得成功就必须坚定地坚持目标和方向。而要减少方向和目标的错误，则需要高瞻远瞩的能力，这就要求企业发展自己的企业理论，建立起对事业规律的认识。成功是在坚持目标和价值观的基础上不断尝试的结果，这和草原上狮子与斑马的生存竞赛是一样的。一匹跑得比较快的斑马，并不能保证一定不被狮子吃掉，因为狮子会"团队合作"，有的狮子进行追赶，有的狮子在前面某处埋伏，跑得快也不一定不被埋伏的狮子杀死。还有

的时候，一只狮子正好离某匹斑马最近，这匹斑马也就最有可能被吃掉。这就是偶然性的作用和运气的作用。

但不能因为这种偶然性的存在，斑马就不进行生存竞争了。因为从总体上说，还是跑得快的斑马被吃掉的可能性小。所以，为了生存，斑马就必须向跑得更快的方向进化。对企业而言，就是坚持事业方向和价值观，保持这个核心不变。

人类比斑马强大，却永远不如自然伟大。人类面对自然所显示的无知，有时和斑马并没有本质区别。承认自己的无知，去进行有目的的冒险，同时尽最大可能发展和应用企业的智慧将风险降到最低，这就是我们倡导的理性指导下的"机会主义"实践。

第四节 战略弹性与战略柔性

有人将战略视为理性分析的结果，试图完全理性地驾驭战略。我认为这种想法是十分有害的，它没有看到战略背后的精神力量，以及精神力量在支配战略方面所起到的巨大作用。战略本质上不是管理者的财务数字游戏，而是企业精神意志的体现，是以文化为基础的。在企业价值导向、意志以及道德等企业文化因素的共同作用下，企业的战略表现出明显的弹性与柔性。

多数管理学教育以迈克尔·波特教授的战略分析框架为主要讲授内容，这些内容大致包括"三种竞争战略"、"五种竞争力量"等。受此影响，国内多数企业战略设计者将战略问题视为一种简单的逻辑分析和信息归纳过程。

第九章
幸福战略学：战略是一个扩张自我、创造希望的过程

1. 战略弹性

由于企业思维模式的不同，使战略本身具有高度的弹性。所谓战略弹性，是指同一组织在同样的资源和环境条件下，因为决策集团的思想意志和战略思维方式的不同而追求差异巨大的战略目标。只有接受战略拥有高度弹性这一特征，才能真正地理解古往今来许多英雄的传奇故事，破解许多卓越企业高速成长之谜。

比如抗日战争时期毛泽东的战略，它反映的不是类似经理人的战略规划，而是从属于文化层面的强烈信念。

1935年底，直罗战役胜利后，毛泽东在《直罗战役同目前的形势与任务》一文中，连续使用了多个"猛烈"。他在谈到这次胜利的影响时说："使我们能够利用时间去猛烈扩大红军。这是目前最重要最重要最重要的事。"毛泽东连续使用的三个连接在一起的"最重要"，充分表达"猛烈"扩大红军的意志力量。

在谈到"猛烈发展游击战争"时，他说："使游击战争向晋陕甘绥宁五个省广泛有力地发展去。……猛烈扩大自己，争取四个月扩大一倍。……猛烈扩大苏区，造成有利的战斗环境。……猛烈破坏敌军。"这种战略目标，不是精心计算的结果，而是一种大胆的扩张意志的表现，是由企业文化中的"思维模式"所决定的。没有大胆的意志、想象力和信念，便无法确立这样的目标。

杰出的企业家也用类似毛泽东式的强烈意志表达他们的目标和战略，比如，福特公司在20世纪初，就确立了使汽车大众化的愿景。华

为公司的战略同样如此。与国际同行业中的巨无霸相比,华为在十分弱小的情况下就在《华为基本法》中写道:"华为的追求是在电子信息领域实现顾客的梦想,并依靠点点滴滴、锲而不舍的艰苦追求,使我们成为世界级领先企业。"

2.战略柔性

战略的"柔性"类似军事战争中的"流变",指战略在实施的过程中,随着环境及自身条件的变化而变化的态势。

现代军事理论奠基人克劳塞维茨说:"战争不仅是一条真正的变色龙,它的性质在每一具体情况下都或多或少有所变化。"因此,由于战争本身固有的暴烈性和概然性,使得军事战略不可能成为一个冗长的行动计划,而是一个依据战争态势不断变化的指导观念。

企业竞争同样面临着与战争类似的变化场景。因此,由于环境、竞争对手、客户需求的不断变化,企业对外部的适应策略也处于不断的变化之中。适应这些变化最有效的方法,不是刻板地计划、规定行动,而是各级经理人员和员工围绕企业核心理念而采取的有效行动。这些行动本身是自主变化的,它们在一定的授权范围内展开。在这种情况下,企业战略的成功依靠的不是高层管理者的锦囊妙计,更不是组织管理的程序和规则。它依靠的是全体员工的能动性和创造热情,而发挥这些能动性和创造力的,主要靠企业文化。正如布鲁斯·D·亨德森所言:"战略的成功通常取决于竞争者的文化、理念、态度和行为特征,以及它们对彼此的了解程度。"

不同的产业环境其变化的程度是很不相同的。越是富于变化的环

第九章
幸福战略学：战略是一个扩张自我、创造希望的过程

境，越要求组织成员能自觉适应。比如，在生产作业领域流水线上工作的员工，由于他们面对的工作环境变化较少，因此规章制度对他们的作用较大，而对于在市场一线的员工，由于他们面临的环境是不断变化的（每一个客户都可能不同），因此，对他们的管理应是富有弹性的。

研究表明，四分之三以上的战略失败是由战略实施不成功导致的。而战略实施的成功与否，在很大程度上又取决于人们对战略能够取得成功的信念。只有人们感觉到根据战略能够取得战术成果时，战略规划才能有效发挥作用。

通过以上分析我们得出结论，如果在企业的战略规划中不考虑文化的因素，则一切战略都得不到有效的说明。正因为文化的力量不可度量，所以管理学的教科书要么没有对企业文化给予充分的重视，要么仅仅重视而没有对其作用和作用机制给出充分的阐释。而那些受到工商管理教育的人士，则多数因为所受教育和所处的经理人角色的限制，在战略的规划和实施过程中把战略当做死板的教条看待，忽视了战略中最重要的精神力量。他们制定的战略是能机械的、保守的、稳健的规划。这样的战略无法在员工的心目中掀起激情的狂澜，因而也无法唤起蕴藏在员工身上巨大的热情和精神力量，战略执行的结果也只能是平庸的业绩。

第五节 论战略集中

克劳塞维茨说："最好的战略是首先在总兵力上，然后在决定性的地点上始终保持十分强大的力量。……战略上最重要而又最简单的准

则是集中兵力。"

克劳塞维茨关于军事力量的集中原则得到了广泛的认同,这一原则也是对世界史上最伟大的战略家,包括拿破仑、腓特烈大帝等作战原则的总结。

出于对英雄主义精神的颂扬,电影、电视或图书上一些虚构的战争故事往往表现以少胜多,以弱胜强,这容易使人误以为以少胜多是容易办到的事情,对集中原则不够重视。实际上,真正的胜利往往属于资源强大的一方,在战术层面上尤其如此。正如毛泽东在《中国革命战争的战略问题》强调的:"'以一当十,以十当百',是战略的说法,是对整个战争整个敌我对比而言的;在这个意义上,我们确实是如此。不是对战役和战术而言的;在这个意义上,我们决不应如此。无论在反攻或进攻,我们总是集结大力打敌一部。"

毛泽东多次强调集中的重要性。在《井冈山的斗争》一文中说:"红军以集中为原则,赤卫队以分散为原则。当此反对政权暂时稳定时期,敌人能集中大量军力来打红军,红军分散是不利的。我们的经验,分兵几乎没有一次不失败,集中兵力以击小于我或等于我或稍大于我之敌,则往往胜利。"

毛泽东在《中国革命战争的战略问题》一文中列举了一些违反集中原则的失败:"一九三一年一月的江西宁都县东韶地区打谭道源的作战,一九三一年九月的江西兴国县高兴圩地区打十九路军的作战,一九三二年七月广东南雄县水口圩地区打陈济棠的作战,一九三三年十二月江西黎川县团村地区打陈诚的作战,都吃了兵力不集中的亏。……军事平均主义,到一九三四年第五次反'围剿'时,发展到了极点。'六路分兵','全线抵御',以为可以制敌,结果为敌所制,

第九章
幸福战略学：战略是一个扩张自我、创造希望的过程

原因在于惧怕丧失土地。"

毛泽东坚持集中兵力打歼灭战的原则，即使在自己军队的素质大大提高以后的解放战争时期仍是如此。比如，在著名的孟良崮战役中，1947年5月，号称国民党"五大主力"之一的整编74师孤军突进，毛泽东令华东野战军集中主力，以5倍于74师的兵力，将其围歼。

企业管理中的战略上的集中，是指企业尽可能地将资源集中在少数业务领域，以便在关键的少数竞争领域中建立竞争优势。从对经营成果好的企业的分析中可以看出，专业经营占主导地位，多数500强企业也都是专业化经营的。纵观世界经济近几十年来的发展，由多元化向专业化发展更是一个潮流和方向。

为什么中国企业过去广泛地热衷于多元化呢？

一是中国过去的竞争环境不够激烈，许多行业都看起来容易做，容易进入；二是过去的中国市场存在着严重的政治行为，这种政治行为使得产品可以不经过公平竞争，而只要有关系就能销售出去，由于关系的广泛性或是特定客户的需求的多样性，拉动了一些企业的多元化发展；三是中国的金融市场一度并不规范，虽然总体上金融资本的可得性不强，但少数人可以通过非正常手段便利地、低风险地得到信贷资金，从而助长了多元化；四是中国许多企业缺乏对企业运作规律的了解，缺乏对专业化经营和多元化经营利弊的充分认识。这四个原因是主要原因，当然多元化也有分散风险等好处。

过去的商业环境只是特定时期特定社会环境的产物，是一种特殊的而不是普遍的情况。因此，那个时期尚能够有效经营的许多多元化行为将不再能够适用于未来的中国市场。中国未来的社会和商业环境将会明显与过去的环境不同，多元化将面临更强大的竞争和风险。因

此，建议中国企业更多地遵循集中的战略原则，以专业化发展为立足之本，审慎地进行多元化经营。

1. 向什么方向集中

无论战略的集中还是战术集中，都需要确立目标和方向。

集中的目的，是为了建立竞争优势，而为了建立这种竞争优势，必须首先将资源集中于具有决定意义的业务领域，在军事上这叫主力会战。

如果在决定意义的业务领域能够建立起竞争优势，并且资源还有剩余（或者有条件获得相关的资源，如特殊的融资能力等），就可以考虑将资源继续投入到新兴的有前景的领域中。

因此，关于集中方向选择的原则，可以概括为：集中于有吸引力的业务以及在此业务上可能建立的竞争优势。

集中是一个相对的概念，能否集中或者集中到什么程度，都要视具体的情况进行分析。比如，在企业创办的初期，一般只宜采用专业化的方式发展。因为，这时企业的全部资源的总量可能是很小的。这就是我们所见到的为什么成功的企业大都是专业化的，因为在创业的初期，基本上只能是专业化发展的。企业发展的专业化，是一种企业战略上集中的体现。

集中有多种其他的表现形态，如区域市场选择。小企业与大企业竞争往往会选择一个较小的产品市场，或从薄弱的地区开始。比如，娃哈哈的非常可乐营销就像是中国共产党革命时采取的战略原则"农村包围城市"一样，选择从可口可乐竞争力度较小的农村或中小城市

第九章
幸福战略学：战略是一个扩张自我、创造希望的过程

市场切入。在成功地进入一个可口可乐竞争力度较小的区域市场后，再向其他区域市场开拓，先是江西，然后是山东、河北、四川以及西北诸省的一些地区，直至全国。非常可乐的营销也成为国内营销成功的典范之一。但这种集中的选择并不是唯一的方式。比如，TCL在1994年选择进入大屏彩电领域时，从战术的集中来看，它选择北京市场作为主攻市场。我认为，这种选择同样是十分恰当的。TCL在当时至少有几个有利的因素，包括国家对TCL新产品的认可，北京作为文化中心具备有利的媒体宣传条件，北京攻坚战胜利后对全国的辐射和影响等。但当时如果TCL生产的大屏彩电在国内厂家中不具备特殊性（当时国内厂家都还不能生产，国产大屏彩电是空白点，因此竞争尚不激烈，容易得到国家的支持），TCL这种从中心城市开始的集中进攻便很有可能失败。

集中的概念是理解上述竞争策略的基础，上述竞争策略是集中的指导思想在不同场景下的应用，集中是比上述概念更本质、更核心的概念。

2．华为的"聚焦战略"

华为的战略是集中的最好见证之一。华为总裁任正非是一个性格坚定，敢于承担风险的铁血男儿，他认为当时弱小的华为，要在通信领域战胜世界同行巨子，必须采用压强原则，将全部资源集中到一个业务方向，他在《华为基本法》中说：

华为的追求是在电子信息领域实现顾客的梦想，并依靠点点滴滴、锲而不舍的艰苦追求，使我们成为世界级领先企业。

为了使华为成为世界一流的设备供应商，我们将永不进入信息服

务业。通过无依赖的市场压力传递,使内部机制永远处于激活状态。

这段话表达了华为战略集中的决心和气魄。

华为的战略被简单描述为"聚焦战略"。华为的成功,这一战略发挥了至关重要的作用。概括地说,华为的战略有专一性、前瞻性、系统性等几个显著特点。

华为战略的专一性,既来源于任正非前瞻性的眼光,挑战世界级厂商的勇气,也来源于通讯产业的特殊性。由于当时华为弱小,只有创造性地利用压强原则,持续、大规模地集中有限财力投入通信产业,突破一点,局部领先,不断有新技术突破和新产品问世,才能在竞争中占有一席之地。

华为的聚焦战略原则要求,在成功关键因素和选定的战略增长点上,以超过竞争对手的强度配置资源,要么不做,要做,就最大限度地集中人力、物力和财力,实现重点突破。同时,通信设备属于高技术范畴,技术发展迅速,只有在新技术、新产品上领先一步,才能抢先进入市场,取得初期垄断利润,增强企业竞争实力。

华为聚焦战略的实现需要各个职能战略,尤其是产品研发、市场营销、人力资源几大系统战略和战术的协调一致,在这个方面,华为战略体现出极强的系统性。

华为公司认识到新产品研发和市场拓展是关系到企业生存和长远发展的关键因素,所以在这两个领域选择聚焦性战略。将40%的人员和销售收入的10%固定投入到产品研发工作中。正是靠着这两个方面的重点突破使华为在激烈的竞争当中领先一步,胜出一筹。

华为聚焦战略在人力资源管理方面有更明显的体现。华为通过制造一个良好的文化氛围,提供有竞争力的薪酬和良好的发展机遇,把

第九章
幸福战略学：战略是一个扩张自我、创造希望的过程

大量的优秀人才聚集到一起，形成人才的"马太效应"。华为坚持"人力资本不断增值的目标优先于财务资本增值的目标"，因此，对人才的吸引和使用在集中化上表现得极为明显。华为近年招聘的相关专业的博士人数占深圳博士总量的一半以上。

有人将华为文化喻为"狼文化"。这种文化也体现了一种集中。用任正非的话说就是："企业发展到一定时候，就要有一大批狼。狼有三大特性：一是敏锐的嗅觉；二是不屈不挠、奋不顾身的进攻精神；三是群体奋斗。企业要扩张，必须有这三条。"华为抓住了市场竞争的残酷性这一本质特征，在市场销售工作中，也常利用人们所说的"狼群战术"，集中大量人力于一役，力求以优势的力量获得胜利。

聚焦战略作为华为公司的基本战略始终贯彻在其经营和人力资源管理活动中，对于华为公司从小到大，由弱到强，迅速完成第一次创业，雄踞国内同业榜首，起到了至关重要的作用。

集中下的专业化经营，是未来的一条正确道路。随着更多的行业成熟起来，只有重量级的选手才有可能胜出，只有集中才能成为重量级选手。即使是国内外多元化发展比较成功的企业，如 GE 等，也都越来越倾向于资源的集中。比如，GE 在 20 世纪 80 年代开始的以"数一数二"理念为主导的集中，华为"聚焦战略"的本质也是集中。将资源（资本、管理力量等）集中到一个或少数的领域上，通过集中获得竞争优势和发展。

第十章 创建刚健有力的文化气质

天行健，君子以自强不息；地势坤，君子以厚德载物。
——《周易》

第一节 论精神力量

幸福的企业，重视人的精神世界，重视培植员工强大的精神力量，以克服物质基础的相对不足。

最近数年，越来越多的企业开始重视人文管理，也由此形成了企业文化的建设热潮。从企业文化理论与实践的状况看，绝大多数的认识还停留在一个初级的阶段。多数的企业文化理论在对企业文化作用的认识上，往往都是从企业文化的功利目的来认识的。比如，企业文化对企业经营业绩有巨大的推动作用。

我认为，企业文化的作用，除了直接或间接地有利于企业的经营管理之外，更重要的是，它创造了一个精神世界，创造了一个人们的生存空间和发展空间。良好的企业文化带来了美好的精神体验，使人愉快、满足，它有时能够净化人的心灵，有时能让人激情似火，心潮

澎湃。企业文化成为人的生活的一部分，形成了人的终极价值和关怀，也就是说，企业文化是创造幸福的一种有效方式。

世界是物质的，也是精神的。从哲学的观点上看，物质世界和人的精神世界之间相互作用和相互影响。人的精神力量，在宗教、社会、政治、军事、经济等领域都有着强烈的表现。

在宗教领域，精神力量对人的生活产生着重大的影响。很多时候，教徒们可为教义放弃巨大的物质利益，有时甚至用生命的代价捍卫他们所认为的真理。即使是在当今物质非常发达的社会，宗教的精神力量仍然显示出巨大的威力。巴勒斯坦与以色列多年的矛盾斗争，从根本上说，是一种对立的观念发挥作用。而"9·11"事件，更是文化冲突的极端体现。

在政治军事领域，精神力量备受重视。拿破仑说："在战争中，军队良好的精神状态足以保障四分之三的胜利。"从战略的角度，毛泽东也把战争要素基本上划分为人的精神要素和物质要素两大类，而且充分地肯定了人的精神要素对于物质的能动作用，肯定了人是战略上最有价值、首要的战争要素。他在《论持久战》中说："武器是战争的重要的因素，但不是决定的因素，决定的因素是人不是物。力量对比不但是军力和经济力的对比，而且是人力和人心的对比。军力和经济力是要人去掌握的。……战争的胜负，固然决定于双方军事、政治、经济、地理、战争性质、国际援助诸条件，然而不仅仅决定于这些；仅有这些，还只有了胜负的可能性，它本身没有胜负。要分胜负，还须加上主观的努力，这就是指导战争和实行战争，这就是战争中的自觉的能动性。"

第十章
创建刚健有力的文化气质

军事斗争领域体现精神力量的例子数不胜数，以朝鲜战争为例。

朝鲜战争的历史背景，正是美国刚刚获得第二次世界大战的胜利，在政治、军事和经济领域全面鼎盛的时期。在武器的对比上，美军更是处于绝对的领先地位。1950年6月25日朝鲜战争爆发，当时中美两国总的力量对比如下表所示：

比较项目	中国	美国
人口	5.7亿人	1.5亿人
军队数量	550万人	150万人
钢产量	60万吨	8785万吨
原油产量	20万吨	2.6亿吨
发电量	45亿度	3880亿度
军舰吨位	4万吨	300万吨
军用飞机	60架	3.1万架
国民收入	426亿元（152亿美元）	2400亿美元
人均收入	78元（28美元）	1600美元
国防开支	28亿元（10亿美元）	150亿美元

从经济和军事实力的对比可以看出，中美两国差距极大，但在中国军力弱小的情况下，中国人民志愿军靠着保家卫国，团结奋战，不怕牺牲的精神力量，取得了朝鲜战争的伟大胜利。曾在朝鲜战争期间任美陆军部派驻前线的战史分遣队队长，后长期为美国陆军及政府撰写专题报告的美国人贝文·亚历山大，为这次战争进行了较为客观的见证和评述。在亚历山大的《朝鲜：我们第一次战败——美国人的反思》

一书中,他为中国军队不可思议的精神力量赞叹不已:

中国人极力阻止军事上的等级制度。这不仅是要从战士中提拔干部,而且是为激发广大士兵的积极性,使他们参与讨论、解决并处理日常问题。这种做法,结合其他措施,可使普通士兵充分了解战术形势以及部队作战计划等方面的情况。这样就可使广大士兵在重大战斗行动中发挥主动性,增强责任感。

中国军队是以战斗小组为基础组成的。其基本思想是,彼此间的同志关系可以鼓舞士气,士兵的社会行为由亲密无间的人与人之间的关系来规范。由于十分看重同志间的友谊和忠诚,所以各师的官兵尽量由同一个省或同一个地区的人组成;各连的战士往往来自同一个村子。

亚历山大描写了中国军队的战斗意志,他说:

一旦受到火力攻击,进攻中的中共军队便立即卧倒,但只要射击停止,他们便一跃而起,再往前冲……正是靠着这种战斗精神,中国军队表现出了极强的战斗力。令人十分吃惊的是,中共军队充其量只有迫击炮,却在朝鲜打败了全世界军队中火力最强,又完全拥有制空权的美国军队。

亚历山大对朝鲜战争中中国军队的战斗精神和军队文化的描述,根据克劳塞维茨对精神力量和武德的定义,属于武德的范畴,相当于我们所说的企业文化。可见,中国在朝鲜战争中所取得的伟大胜利,即使在美国人眼中,也被视为一种精神的胜利,一种军事文化的胜利。

第二节 企业文化三角形模型

企业文化属于人类精神活动的范畴。由于"文化"这个概念本身的模糊性以及世界范围内对企业文化的研究还不够成熟，因此对企业文化目前还缺乏统一的认识，也没有权威性的定义存在。而定义的不一致，又是造成对企业文化内涵、功能以及企业文化塑造成方法不一致的根源之一。事实上，由于"文化"本身的复杂性和模糊性，确立一个严格的、具有权威性的"企业文化"定义是非常困难的。为企业文化进行科学的定义是企业文化研究遇到的基本难题。

20世纪80年代初期全球最具影响力的四部企业文化专著的作者都提出了企业文化的不同定义，这些概念本质上存在较大差异，无法统一。比如：

企业文化是由一些基本假设所构成的模式，这些假设是由某个团体在探索解决对外部环境的适应和内部的结合问题这一过程中所发现、创造和形成的。这个模式运行良好，可以认为是行之有效的，成为新成员在认识、思考和感受问题时必须掌握的正确方式。（埃得加·沙因，《公司文化与领导》）

企业文化是为一个企业所信奉的主要价值观，是一种含义深远的价值观、神话、英雄人物标志的凝聚。（阿伦·肯尼迪、特伦斯·迪尔，《公司文化》）

企业文化是传统气氛构成的公司文化,它意味着公司的价值观,诸如进取、保守或是灵活——这些价值观构成公司员工活力、意见和行为的规范。管理人员身体力行,将这些规范和观念灌输给员工并代代相传。(威廉·大内,《Z理论》)

概念是对事物本质特征的表达。对企业文化的定义反映了人们对企业文化本质的不同认识和理解。上面几个企业文化的定义,反映了定义者对企业文化的认识和理解。

一个科学的定义除了要能够充分揭示其本质特征外,还应使它的概念清晰,便于应用。为此,在从总体上剖析企业中的精神要素后,根据对企业文化本质特征的理解,我将企业文化定义为:企业文化是企业存在并延续发展的价值观念、行为模式及思维活动本质特征的总和。

根据这个定义,可以把企业文化与一些重要的容易混淆的概念区分开来。比如,根据上述定义,就不能将经营管理的具体策略、战略与企业文化混为一谈,也不能将企业文化等同于企业的制度和规范。企业的战略和制度系统是构筑在企业文化之上的对于环境的一种反映,它们都以文化为基础,但同时受到环境等因素的影响。

另外,上述定义也将企业文化系统看做具有历史渊源并能够变化发展的开放系统。

1. 企业文化作用原理

到目前为止,有关企业文化作用机制的研究仍然不充分,取得的成果也比较有限。包括《追求卓越》、《Z理论》、《企业文化与领导》、《公司文化》等国际上企业文化代表性著作在内的许多著作，总体上都是用类比、示例和归纳的方法提出企业文化的作用，尚没能较为系统地提出企业文化的作用机制。因此，阐明企业文化的作用机制是一个重要而紧迫的问题。

2. 岳川博企业文化三角形模型

总体上，企业文化作用于管理的三个过程。一般地，可将企业的管理活动看做三个相互作用的过程，即确立目标、制定决策和决策执行，这三个过程的成效和优劣决定了企业的成败兴衰。

根据企业文化的定义，"企业文化是企业存在并延续发展的价值观念、行为模式及思维活动本质特征的总和"。比较上述企业管理三个相互作用的过程与企业文化的关系，可以发现："价值观念"、"思维活动本质特征"和"行为模式本质特征"，分别是确立目标、制定决策和决策执行的基础，这三个方面深刻地影响甚至决定着管理的三个方面：

第一，企业的价值观念决定了企业的追求，因而基本上决定了企业成长的动力、方向和目标。

第二，企业的思维特征，影响和决定了企业对外部环境的反映，这些反映包括企业的战略、策略和政策系统等，因而，企业的思维特征，深刻影响甚至决定着企业决策的制订。

第三，企业的行为模式，影响和决定了企业行动的方式和效率，也影响甚至决定着企业的决策执行。价值观是一种根本性的规则，掌

握了价值观，人们可以根据价值观做出符合组织要求的行为，而各类规则的作用也无非使人的行为符合组织的目的和要求。这样价值观就可以取代无数具体的规则，有效地简化管理。

因此，总结以上三个方面可以得出，企业文化既影响企业成长的动力、方向和目标，也影响企业的决策及决策执行。企业文化是企业经营管理的基础，具有"基因"式的作用。

上面所述的企业文化与管理的三个过程如下图所示：

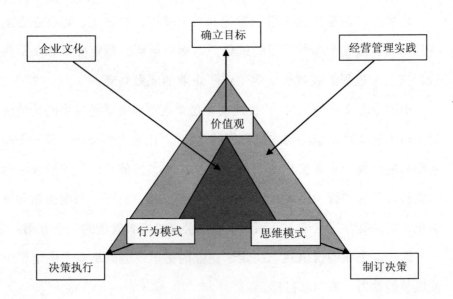

企业文化的作用机制三角图

图中，内部三角形区域代表企业文化，外部三角形代表管理的三个过程。

为简便起见，上图简称为"文化三角形"，或"企业文化三角形模型"。

第三节 自强、自信、厚德、阳光、感恩的文化取向

要创造幸福的企业，必须先创造一个积极健康而有力的文化环境，这种文化环境需要一些文化要素作为支撑。理论上，每个人都可根据自己的理解，提出这些要素的组合，这些要素的构成有着广泛的可选择性。也就是说，不存在一个权威的、唯一的描绘幸福企业文化的图景，本书所提出的幸福企业文化取向也只是一家之言，仅具有一般的参考意义。

1．自强

自强不息是中国古代仁人志士的内在精神。个人的强大是从志气的挺拔与坚韧开始的，而企业的强大是从企业内在的精神强大开始的。而我们所倡导的，不是像一些不思进取的"富二代"那样，躺在父母的余荫下享受丰富的物质生活，更不是懒汉懦夫那样，通过无偿占有他人的劳动成果而生存。幸福企业的企业人必须自强，通过追求一种成就，通过创造一种成果，从事一种有挑战性的职业，过一种有尊严的生活。

自强意味着自立。自立就是靠自己不靠别人，靠自己不靠组织，与一味依附别人的奴化心理彻底决裂，与依赖别人恩赐的侥幸心理划开界限，把人生幸福建立在自我奋斗和对他人、组织及社会的贡献上。

只有企业中的绝大部分个人都确立了"贡献是个人通往幸福的前提"的基本信念之后,企业才能集众人之贡献而变得强大,个人才由此真正获得回报和幸福。

自强意味着自勉。自勉就是一种自我的激励,一种自我的动力,一种积极的态度。有了自勉,企业发展的动力机制就形成了。我认为,当代管理学的一个基本不足,就是强调管理而缺乏对企业动力的追问,有管理而无动力企业就死水一潭。

自强还意味着责任担当和自我完善。自强者是内部归因主义者,他们善于从自身寻找得失成败的原因,并致力于自我的改善。企业发展的本质是人的发展,自强是人的发展的人格基础,自强的文化取向是企业发展不可缺少的积极因素。

百度名词解释说,自强是中华民族的传统美德。自强是支持着中国人自立于世界民族之林的一种精神,一种信念,一种境界。是流淌在中华民族文明血管中的生生不息的血液,是中国人民代代相传的传世之宝。

2. 自信

自信与自强有着内在的联系,但不能互相包含。自信,是一种对自我的信心,就是相信自己,没有这种对自我的信念,人很难走向成功。所以人们说,自信者自强,自信是人格的核心。

比如,我们这个社会以及企业中都强调创新,没有自信的人是无法真正从事创新的,因为创新是一种具有探索性和风险性的实践活动,常常伴随着巨大的失败,甚至经常是失败多于成功。

本质上,自信是对自我的一种积极评价和态度,有自信才能有积极的人生,也才有真正的幸福。

GE 在其辉煌的杰克·韦尔奇时代特别强调自信的品质,"速度、简单、自信"成为 GE 的核心文化,韦尔奇甚至认为,"永远自信"是美国能够领先于世界的一大法宝。

3．厚德

《易经》坤卦说"地势坤,君子以厚德载物"。厚德,就是指效法伟大大地的德性,厚重和顺,包容和承载万物。

中国工程机械装备制造龙头企业之一的中联重科,在企业文化建设上十分重视"厚德"之用。数年前,当我注意到中联重科与三一重工这两家地处湖南长沙,地理区位优势并不明显的地方,生长出两家杰出企业的时候,我便想从思想和文化的角度去挖掘这两家企业的成功之道。我相信,厚重而又别具一格的企业文化对中联重科的发展一定产生了十分重要的作用。中联的企业文化充满着古典的精神,厚德是其核心。

中联企业文化核心理念是"至诚无息,博厚悠远",于 2002 年正式提出,译为:诚信为本,不息为体,日新为道;广博揽物,厚德载物,悠远成物,基业长青。

"至诚无息,博厚悠远"取意于《中庸》第 26 章:"至诚无息,不息则久,久则征,征则悠远,悠远则博厚,博厚则高明。博厚,所以载物也；高明，所以覆物也；悠久，所以成物也。博厚配地，高明配天，悠久无疆。……天地之道，博也，厚也，高也，明也，悠也，久也。"

译为："至诚无息，不息则久，久能产生特征，有特征能长久悠远，悠久无穷才能变得广博厚重，厚博则高明。所以，博厚载万物，高明可以覆盖万物；博厚配地，高明配天，悠久无疆。……天地的法则，是广博、厚重、高大、光明、悠久、无穷。"

4．阳光

阳光是指阳光心态。太阳的光辉普照万物，滋养众生，因此阳光心态就是一种积极、乐观、诚信、正直、正义、包容的品质，一种欣欣向荣的生长力量。

阳光是一种诚信和光明正大的价值观和处世哲学。诚信对企业的价值是不言而喻的，光明正大是简化企业管理，减少企业管理成本的有效方式。

阳光心态是快乐和幸福的重要元素。当今社会，物质穷困并不是主要的，精神的贫乏和偏执常常是导致不快乐的主要原因。

从哲理上说，人类虽然为万物之灵长，但人类与伟大无疆的自然世界相比，仍然是渺小的，有许多东西都超越了人类力量所及和智慧所及，更不用说个人的力量与智慧了。所以，人在这个世界上做事常常会力不从心，常常是有成也有败。如果没有阳光心态，人就会因为困难、失败而变得沮丧、懊恼、愤怒甚至自暴自弃，这样就远离了幸福快乐。

5．感恩

感恩是一种社会观，一种处世哲学，也是一种自然观。感恩不仅是感谢别人的帮助，也是感谢社会、感谢自然的伟大恩赐。感恩是意识到自身的渺小，懂得我们每一个个体都不是一个孤立的社会存在或自然存在，我们与其他人，其他生命，其他物质有着天然的休戚与共的命运联系，这使得我们能够在原始的意义上建立一种大局观，建立对他人的爱，对社会的爱，对自然的爱，这使得我们不再那么自私，不是总是强调无边的占有、控制，而是主动地希望有所贡献。

"感恩"是个舶来词，对于"感恩"二字，《牛津字典》给的定义是："乐于把得到好处的感激呈现出来且回馈他人。""感恩"是因为我们生活在这个世界上，一切的一切，包括一草一木都对我们有恩情！

英国作家萨克雷说："生活就是一面镜子，你笑，它也笑；你哭，它也哭。"你感恩生活，生活将赐予你灿烂的阳光；你不感恩，只知一味地怨天尤人，最终可能一无所有！成功时，感恩的理由固然能找到许多；失败时，不感恩的借口却只需一个。殊不知，失败或不幸时更应该感恩生活。

第四节 三"思"而后成——企业文化建设之道

文化之道,以文化群,在于思,在于诗,在于师,三"思"而后成。

2000年至2007年期间,企业文化建设在国内热了一阵子,最近三四年略微冷却了一些。有多位从事企业文化咨询和研究的朋友问我,为什么企业文化建设有点沉寂了。我回答他们说,这种沉寂是一种必然,因为文化建设的背后是思想,不是CIS(企业形象识别系统),也不是几句简单的理念口号,而思想不是靠一时的兴致就可以形成。

在探讨企业文化与思想等方面的内在联系前,让我们先来阅读一首南宋刘克庄的词作《沁园春·梦孚若》。

何处相逢,登宝钗楼,访铜雀台。唤厨人斫就,东溟鲸脍,圉人呈罢,西极龙媒。天下英雄,使君与操,馀子谁堪共酒杯。车千两,载燕南赵北,剑客奇才。

饮酣画鼓如雷。谁信被晨鸡轻唤回。叹年光过尽,功名未立,书生老去,机会方来。使李将军,遇高皇帝,万户侯何足道哉。披衣起,但凄凉感旧,慷慨生哀。

相信多数人读完这首词后,并没有多少美好的感觉,甚至有的人读起来还有昏昏欲睡之感。

如果再读另外一首毛泽东的词作《沁园春·雪》,相信大家的感觉会是焕然一新。

第十章
创建刚健有力的文化气质

北国风光,千里冰封,万里雪飘。望长城内外,惟余莽莽。大河上下,顿失滔滔。山舞银蛇,原驰蜡象。欲与天公试比高。须晴日,看红装素裹,分外妖娆。

江山如此多娇,引无数英雄竞折腰。惜秦皇汉武,略输文采;唐宗宋祖,稍逊风骚。一代天骄,成吉思汗,只识弯弓射大雕。俱往矣,数风流人物,还看今朝。

其实,以上两首词作都是"沁园春"的格式,但产生了截然不同的审美效果,其原因何在?

原因就在于两位词作者不同的思想力,不同的胸襟气度,不同的驾驭语言和文字的能力。

什么是企业文化建设?企业的文化建设必然是企业的"文化"建设,没有思想的博大厚重,没有哲理的认识深刻,没有语言的洗练与优美,想建设富有底蕴和审美情趣的企业文化是几乎不可想象的。

所以,我提出,企业文化建设的三个基本要素是"思想"、"诗意"、"师长"。

所谓的思想,就是能够站在哲学的高度认识事理,使企业的认识水平达到一个全新的层次,全新的水平,全新的境界。

所谓的"诗意",是指企业所提出的理念、口号、观点等能够以一种诗意的方式表达,符合人的审美情趣,从而可以深入人心,并易于在企业内外进行传播。

所谓的"师长",是指企业文化的推动需要一些高素质的文化讲师,他们可以将企业的思想观念有效地传播给各级管理者和全体员工。每一个人都有自己的思想观念,企业塑造一种符合自身需要的优良思想

观念,就需要驱赶生长在员工头脑中的不良的思想观念,两种不同的思想观念要进行碰撞,甚至要进行斗争,要取得斗争的胜利,就需要"师长"拥有强大的思想与精神力量,去说服和改造他人。这些"师长"可能是企业家本人、高级管理者,也可以是有优长的专职企业文化工作者。

国内企业文化建设比较成功的一些典范企业,其领导者往往都是思想、表达能力等方面俱佳的。比如,华为总裁任正非,思想力很强,表达能力也很好,其著名的几篇文章《华为的冬天》、《华为的红旗到底能打多久》、《我的父亲母亲》、《北国之春》等,或思想深刻、说理动人,或感情真挚、语出至诚。有中国企业家教父之称的柳传志,在联想发展的历程中提出了著名的"建班子、定战略、带队伍"的管理三段论,以及"贸、工、技"的总体发展战略。他们都以思想见长,也善于引导说服他人。中联重科则更为直率,直接提出了"思想构筑未来"的品牌核心理念。

当前,有不少企业是重视企业文化建设的,过去的数年中有许多企业甚至希望直接借鉴华为的经验,也搞出一个自己的"基本法"或者叫"宪章"、"管理大纲"之类的东西。实践表明,很少有企业能够达到华为的高度,更难以达到华为的影响力。这里面的原因是什么?我个人认为:一是时代的背景,华为基本法研究起草的时间是十多年前,在那个时候制订企业基本法有一定的领先性;二是企业家思想和人格,一个企业的基本法不可能脱离企业家而形成,基本法是企业家思想、道德、人格等的综合反映,基本法的"含金量"与企业家的"分量"成正比;三是当年外部顾问团队的质量与投入程度。当年,人民大学的 6 位学者以深入研究的态度，集众人之力，历时数年才形成了华为基本法。现在企业与咨询机构的合作，不仅很难集结 6 个教授这样强大的阵营，而且以咨询合作的方式已经很难激励学者们呕心沥血的艰苦探索激情，再出精品已经很难。所以，《华为基本法》成就了一个管理咨询的高峰，是有多方面的深层原因的。

我们这里并不是过多地阐释《华为基本法》，而是通过这么一个例子说明，企业文化要根植在什么之上，才能茁壮地生长。

第十一章 关于幸福企业的问与答

　　一个训练有素的思想家的主要特点是，他不在佐证不足的情况下轻易做出结论。

　　　　　　　　　　　　　　　　　　—— 贝弗里奇

　　总的来说，目前国内外有关幸福企业的理论探索还处于初始的阶段，占统治地位的观点仍然是"创造利润观"，即多数人将企业视为谋取经济利益的工具。

　　为了进一步阐明本书的主旨，有必要对人们习以为常并视为"真理"的传统企业观进行剖析。本章所涉及的问题，多数是作者在写作此书过程中与一些企业家、高管、学者反复探讨过的。在这些有益的探讨过程中，多数企业家及学者改变了原有把企业核心目的视为创造利润的传统观念。他们的改变是一个十分重要且积极的信号，这说明传统的"创造利润观"并不是牢不可破的真理，而很可能只是一个特定时代的观念产物，完全可以为新的观念所取代。

　　问：幸福企业是一种理想，还是触手可及的现实？

　　答：幸福企业并不只是一种理想，更是一个触手可及的现实，只要你不拒绝它。书中列举的一些企业，比如海底捞、安利等，事实上都是在按照幸福企业的方向发展的。

把企业存在的目的定义为创造利润，并不能帮助每个人实现财富自由。同样的，倡导创建幸福企业，也并不意味着每个人都能够得到最大的幸福。无论是财富、自由、愿望还是幸福，人们都只能有限地得到。我们倡导创建幸福企业，是一种新的企业观念，通过创建幸福创业，将人们努力的方向更多地转移到实现幸福上来。

问：本书"幸福企业宣言"中有许多激情洋溢的文字，具有很强的理想主义色彩，为什么不把宣言写得更平实一些？

答：人类历史上最为著名的宣言是《共产党宣言》和《独立宣言》，两个宣言都对人类的发展产生了巨大的影响。就这两个宣言的风格看，都充满了强烈的感情色彩，也有理想主义的成分。反观当今社会的许多宣言，不管是政治团体的还是其他组织的宣言，大都缺乏上述两个宣言具有的激情和理想主义，更缺乏思想的厚重和感染力。

宣言对一种新的理念进行陈述时，确实有一定的理想主义色彩，如果要求企业将宣言中的每一条都做到的话，那几乎是不可能的。但是，宣言中所描绘的幸福企业，给出了创建幸福企业的方向，它并不要求企业能够做到全部，甚至也不要求企业做到其中的大部分，但因为这些标准或者目标的存在，创建幸福企业就有了基本的方向和方式。人们对幸福的追求永无止境，对幸福企业的追求也永无止境，每个企业都只是行进在创建幸福企业的路上。

第十一章
关于幸福企业的问与答

至于语言的风格，是起草者的个性、理想，以及对幸福企业的信念等所决定的，我相信，一种激情的表达更容易唤起人们的共鸣，加深人们的理解与印记，有利于推动国内的幸福企业创建活动。

问：倡导幸福企业，是否会走入另一个极端，即人们只追求幸福，而不愿意投入到为企业创造价值的工作中去？也就是说，倡导幸福是否会削弱一个企业的竞争力？

答：幸福企业的一个重要基础，是企业要富有效率和成就，如果缺乏效率和成就，那么它本身就不是幸福企业。建设幸福企业，我们也强调塑造"自强、自信、厚德、阳光、感恩"的文化物质，以期企业培植一种刚健有力的精神气质。所以，创建幸福企业，并不会削弱企业的竞争力。相反，企业的竞争力来源于人们的创造力以及对企业贡献的意愿，幸福企业的创建，可激发人们的创造激情和热爱企业的精神，这对提升企业的创造力和竞争力是有帮助的。

问：企业是必须通过劳动创造价值的，幸福企业是不是等于说"劳动就是幸福"？

答：任何人的幸福都有其实现的基本条件，就如同自由一样。本质上，每个人都应得到无边的自由，可以不受任何约束，但事实上，我们每天都受自然法则和社会规则的左右，只能寻求相对较大的自由度。幸福企业的理念是指企业存在的目的就是为人们创造幸福，而不

只是把企业视为一个谋利或营生的工具。劳动本身并不是幸福的,至少对多数人都是如此。但是,同样的劳动可以因为组织文化和环境的不同,而给人带来不一样的感受,通过培养乐观健康的文化,可以让人们感受到更多的温暖、关怀和快乐。如果企业家们意识到了企业只是自己实现幸福的工具,就会更加注重人生其他价值目标的实现,而不只是一味地为了挣钱而挣钱,更不会为了挣钱而道德败坏,甚至为了挣钱而违法犯罪。同时,创办幸福企业,可以改善企业的效率,从而增加人们的幸福感。

问:中国企业生存的现实环境,在许多领域是非常恶劣的,政府控制了政策和资源,权钱交易经常成为所谓成功的不二法门,在这样的背景下,谈幸福企业还有什么意义?

答:中国经济运行的基本方式,仍然是政府主导的,也是权力主导的,暴利的行业往往是权力寻租的深水区。部分企业家已经完全失去了企业家这个概念的本来面目,成了政府的"傀儡",商业价值的创造不是通过人的能力和努力,而是权钱交易的层次和程度。我们倡导幸福企业的观念,就是希望将人们从单纯的功利价值追求中解放出来,光明正大做人做事,做自己的主人。为了获得利益而出卖自己的灵魂,甚至触犯法律,是得不偿失的。

人是环境与制度的产物,在一个腐败盛行和道德滑坡的社会环境下,企业家的生存环境是恶劣的,许多企业家不得不按照潜规则处理一些重大经营管理问题。要改变这样的状态,不只是企业家们的努力,

第十一章
关于幸福企业的问与答

中国在政治改革方面也要有所作为，只有在政治上和整体社会体系上正本清源，企业才能在净化的环境中阳光化地生存与发展。

问：德鲁克是全球赞誉的管理学大师，甚至有人称之为"大师中的大师"。对于这样一个知名的管理专家，您为什么敢于提出质疑？

答：我是北京大学校友，欣赏并愿意继承北大"独立之思想，自由之精神"的宝贵传统。追求真理是一个不断探索的过程，而真理也是在探索和碰撞中得到升华的。中华民族有着悠久的历史和灿烂的文化，中国人也从来不缺乏革新和创造的精神。但是，近百年来，面对西方的思想和文化输入，我们似乎缺少了自信，在许多领域都唯西方马首是瞻。中国要走向强大和复兴，就必须有自己的思想和话语权，就必须独立思考。也许我提出的创建幸福企业的理论并不正确（虽然我个人坚信自己的理论），但这样的思索是必要的，中国人向西方权威提出质疑也是必要的，这是我们必须迈出的第一步。

所以，我们不仅要学习德鲁克，还要有质疑德鲁克的胆识，有超越德鲁克的思想。

问：不同所有制企业中，哪类企业更易于实践幸福企业的创建活动？

答：没有哪类企业有特别明显的优势条件，民营企业与国有企业在创建幸福企业方面各有千秋。

创建幸福企业

民营企业在创建幸福企业方面有更大的灵活性，而国有企业有更好的基础。国有企业的优势在于，国有企业即使亏损，也因为国家的保障而可以持续地得到金融、政策等各方面的支持，不会因为一时的经营不善而倒闭，也就是说，国企生存压力相对较小。同时，国企人员的稳定性较高，企业内部的员工关系稳定而富有亲情感，人们更愿意发展彼此之间这种可靠的相亲相爱关系。也就是说，国企在幸福企业的一些要素基础，如人情关爱等方面比较有优势。民企的优势在于，民营企业家有高度的自主权和灵活性，这使得他们可以打破思想束缚，向着幸福企业的理念和方向去实践。

问：如何在国内推动大范围的创建幸福企业运动？

答：创建幸福企业不是一场运动，而应当是一种普遍的企业自觉行为。支配人们行动的，是人们的思想与观念。因此，在国内推动大范围的创建幸福企业实践，必须从革新企业的企业观开始，这需要各类学者、研究人员加强对幸福企业的研究，需要媒体对幸福企业问题有更多的关注。一个新的观念出现以后，我们不需要急切地把它打扮成真理，真理是在思辨中接近，在实践中检验的。我们需要的是更多人关注和参加探讨，也需要更多对幸福企业的怀疑、争论甚至批判的声音。

问：如何看待用友软件集团倡导并实施的创建幸福企业活动？

第十一章
关于幸福企业的问与答

答：2011年6月22日，第八届中国国际软件和信息服务交易会开幕式和高层论坛暨企业家峰会在大连举行。会上，用友董事长王文京做了主题为《幸福企业》的报告，王文京对幸福企业给出了自己的定义，他认为："幸福企业应该有三个方面最基本的标准，第一个就是传统的标准，就是高效率、高效益。第二个是创新，包括管理的创新，商业模式的创新，还有产品和技术的创新；第三个应该说我们在企业发展过程的新阶段，作为一个信息企业必需的新的标准。正好我们这次软交会的主题也是绿色增长，这实际上反映了全球包括中国企业在新阶段的发展浪潮，这样一种发展价值观的趋势。绿色包括多个方面，包括环保、低碳，也包括企业内部的和谐。怎么构建一个和谐企业，最近一个阶段我们企业界更加关注这个问题，因为在南方企业发生的事情，使得中国所有的企业，以及全球的企业都在关注这个问题。怎么在企业高效发展、创新发展的同时、确保企业本身是绿色的，是和谐的？绿色也包括了企业对社会责任的承担，所以高效、创新和绿色是幸福企业的三个标准，我们在传统的企业理念或者价值理念里比较注重第一个方面,就是高效。但是今天第二个、第三个方面越来越重要，特别是第三个方面。"

我个人认为，用友董事长王文京先生以企业家的身份提出幸福企业是一个重要的进步，这是产业界发出的重要声音。

从用友创建幸福企业的实践看，用友公司在全国许多区域发起成立了"幸福企业俱乐部"，目前，我们还不十分了解这些俱乐部运营的实际效果，但至少，用友所倡导的幸福企业创建活动确实没有仅仅停留在理念与口号上，他们有确确实实的行动。

建幸福企业

作为一个企业，用友有自身的立场与利益。从王文京所提出的幸福企业定义看，他们非常强调信息化对创建幸福企业所起到的重要作用，作为一家信息技术公司，我们非常理解这种提法。而作为一位相对独立的学者，我们提出幸福企业的概念、内涵和创建，更需要有一种超越单一企业主体的宏观视野和系统的哲学体认。

时代光华财智会

高端融智平台·精英成长领地

欢迎您加入时代光华财智会，作为财智会会员，您将获得更多的优质学习资讯和服务，并尊享如下权利：

1. 免费获赠时代光华图书一本或《财智会》杂志一本；
2. 免费获赠《财智会》杂志电子版及时代光华最新书讯；
3. 有机会获得时代光华的培训课程（现场课程或视频课程）；
4. 每年抽取大奖若干，免费参加本俱乐部的高峰论坛及境内外游学活动。

3、4条的信息在时代光华网站每季度公布

欢迎登陆　www.sdgh.com.cn　了解更多的信息

您也可以在网站上进行查询

个人资料（请用正楷完整填写，或附上名片）

姓名：_____ □先生 □女士　出生日期：_____ 学历：_____
单位全称：_____ 所属行业：_____
任职部门：_____ 职务/岗位：_____
手机：_____ 电子邮件：_____
QQ：_____ MSN：_____
单位地址：_____
邮编：_____

沿虚线剪切后，传真至010-82896326或邮寄到北京市西城区德外大街83号德胜国际中心B座12层，邮编：100088，或E-mail：sdghbooks@163.com。